Menschen(s)kinder

Christian Paul

I0474841

Dieser Text erzählt von einer wunderbaren Geschichte, die sie ganz unbedingt und auf jeden Fall der Fälle lesen müssen. Allein schon diese tolle Inhaltsangabe, die ihnen einen kurzen, aber sehr nachhaltigen Eindruck vermittelt, ist so bezaubernd und verführerisch, dass es selbst den Hocker vom Stuhl hauen würde. In der Geschichte kommen ganz viele Ereignisse vor, die dem Zusammenhang nicht entbehren und vom geschätzten Leser bestimmt als amüsant und bereichernd erlebt werden werden. Fernab von dieser grandiosen inhaltlichen Einordnung und einer ersten Stimmungsvermittlung, die ihren suggestiven und spaßbärigen Charakter inhaltsvoll beinhaltet, sollte ihnen noch ein Zitat von einer allgemein anerkannten, literarischen Autorität auf die Sprünge helfen, um ihren Geldbeutel für mich zu öffnen und ihre Aufmerksamkeit auf die folgenden Seiten zu verlegen, die auch noch überaus hübsch gestaltet sind. »Das Buch ist eine einzigartige Einzigartigkeit, die jeden Menschen mit Knopfaugen im Kopf zu der zarten Einsicht führt, dass die menschliche Seele zerbrechlich, zerstörerisch und irgendwas anderes mit Z ist.« (Nobel Preisträger)

Christian Paul wurde am 1. September 1984 in der Nähe von Berlin geboren und absolvierte einen unterhaltsamen Spießrutenlauf quer durch die Gesellschaft, bei dem er unter anderem in der philosophischen Fakultät in Kiel vorbeischaute. Seit einigen Jahren schreibt er Bücher und lebt in Berlin.

Menschen(s)kinder
Christian Paul

Die Gedanken sind frei.

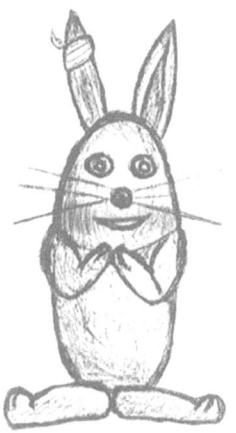

I

Menschen(s)kinder, Heinrich war ein Risikokind. Hineingeworfen in eine auferstandene Welt, voll von Stufen, die zum Stolpern einluden. Eine Welt, die fliegende Steine und blind gestellte Menschen kannte, mit denen man zusammenstoßen konnte. Durch diese Welt fuhr ein himmelblauer Trabant P-601 in Richtung Krankenhaus. Am Lenkrad saß ein junger Mann mit Schnurrbart und langen, schwarzen Haaren. Es war Heinrichs Vater, der gerade von der Tagesmutter kam, wo er seine Tochter Sabine abgeholt hatte. Es sollte das erste Treffen zwischen Bruder und Schwester sein. Sabine saß herausgeputzt und in einem türkisen Kleid auf dem Beifahrersitz. Sie wusste, wo es hingeht, und in freudig-bedrohlicher Erwartung auf ihren neuen Bruder begann sie heftig zu weinen. Jochen versuchte ihr zuzureden und betonte, dass sie keine Angst zu haben bräuchte und alles gut würde. Sabine sah nur den tanzenden Schnurrbart und kreischte wie am Spieß. Die Schallwellen der Besorgnis tönten so laut, dass man denken konnte, sie brächten das Armaturenbrett zum Schwingen. Aber das Rattern und Brummen des Trabants waren stärker. Und der weiß-graue Rauch, der aus dem Auspuff stieß und einen charakteristischen Arbeitergeruch verströmte, nahm zu, da Jochen die noch grüne Ampel noch erwischen wollte.

Als er in den höchsten Gang schaltete, als der Motor fast zu heulen begann und die Rüschen an den Ärmchen des türkisen Kleides bebten, sah Jochen etwas im äußersten Augenwinkel. Ein schwarzer Wartburg, der mit hoher Geschwindigkeit heranrauschte. Am Steuer saß ein kleiner, dicklicher Mann, den alle nur GG nannten. Für ihn galten besondere Regeln, so dass er bei Rot über alle Ampeln jagte. Er hatte schon viele Unfälle verursacht, war aber immer ohne Strafe geblieben. Nicht, dass ihm sein Beruf als Rechtsanwalt vor Gericht geholfen hätte; es kam gar nicht zur Anklage. Denn jeder wusste, was es bedeuten würde GG anzuzeigen, geschweige denn hörbar schlecht über ihn zu reden. Jochen war jemand der seiner Verärgerung Luft verschaffte und bisher Glück hatte, dabei ungehört zu bleiben. Es war nun aber keine Zeit zu fluchen; es war Zeit zu bremsen.

Bevor die Reifen quietschten und über den rauen Asphalt schmirgelten, legte Jochen seine schützende Hand über Sabine und drückte sie in die braunen Sitzkissen. Eigentlich war es gar nicht zu schaffen mit dieser Geschwindigkeit so schnell zum Stehen zu kommen. Und sicher war nicht zu erwarten, dass der Wartburgfahrer bremsen würde oder von der geradlinigen Fahrtrichtung abließe. Jochen blieb gerade und riss das Lenkrad nicht wild herum, so dass die entscheidenden Zentimeter Luft blieben, die den fatalen Zusammenstoß verhinderten.

Das Herz Jochens pochte bis zum Hals und der Blaumann, den er trug, zitterte vor Schock. Unfähig sich zu bewegen blieb der Trabant mit schnurrendem Motor mitten auf der Kreuzung stehen. Aus der Ferne war das fanfarenhafte Hupen von GG zu hören. Es wird nicht das letzte Mal gewesen sein, dass er sein Unwesen treibt, auch fernab vom Straßenverkehr. Und nicht immer würde es so glimpflich ausgehen. Jochen versuchte sich zu beruhigen, aber sein Kopf wurde zornig. Mit Rücksicht auf Sabine verkniff er es sich laut loszubrüllen. Er hätte alle Schimpfwörter, die er kannte gebraucht und noch dutzende erfinden und wiederholen müssen, um diesem Verhalten Rechnung zu tragen. Er schluckte die ersten Bissen dieses bitteren Brockens hinunter.

Sabine saß mit staunenden Augen auf dem Beifahrersitz und beobachtete ganz genau die Regungen des Papas. Sie sah, wie sich immer und immer wieder der Kehlkopf von unten nach oben und zurück schob. Außer dem pumpenden Brustkorb war es das einzige, was sich an der eingefrorenen Papastatue bewegte. Ein schönes Schauspiel, fand Sabine und freute sich, dass er sich so für sie ins Zeug legte. Er spielte oft den Kasper, Clown und Hampelmann, aber eine so gute Darbietung und das extra für sie, hatte sie noch nie gesehen. Mit lächelndem Gesicht applaudierte sie und begann zu kichern. Allmählich wachte Jochen auf. Seine Arme waren gerade durchgestreckt gegen das Lenkrad gedrückt, sein Kopf leicht zurückgelehnt und seine Augen ungläubig starr nach innen gekehrt. Er bemerkte das Klatschen Sabines und neigte den Kopf zu ihr und zwang sich milde zu lächeln. Jetzt erst taute sein Körper auf und das energische Hupen eines Lastwagens hinter ihm erreichte seine Ohren. Er besann sich und fuhr einige Meter geradeaus, nachdem er zwei, drei Mal nach links und rechts geschaut hatte.

Er hielt am Straßenrand, stieg aus und zündete sich eine Zigarette an. Erst jetzt, im Nachhinein, wurde ihm klar, wie brenzlig die Situation war. Und er war auch etwas stolz auf sich, so gut reagiert zu haben. Er atmete tief durch und pustete einige Rauchwolken heraus. Sabine klebte am Fenster der Beifahrerseite und bemerkte, dass irgendetwas passiert sein musste. Jochen stieg wieder in den Trabant und lächelte freudig vor sich hin. Sabine merkte den Unterschied zum Lächeln zuvor und fühlte sich verschaukelt. Nachdem sie wieder Fahrt aufgenommen hatten und das Krankenhaus am Horizont zu sehen war, begann Sabine erneut heftig zu kreischen und bockig zu werden. Ihr wurde klar, dass sie nicht länger exklusiv sein würde.

Auf dem Parkplatz angekommen redete Jochen enthusiastisch auf sie ein. Sie habe jetzt ein kleines Brüderchen, mit dem sie spielen könne. Und dass das alles sehr schön und Mutti sehr glücklich sei. Sabine war engstirnig und glaubte durch lauthalses Schreien den Rückweg erzwingen zu können. Erst als sie durch die Türschwelle traten, sie den sanftmütigen Blick ihrer Mutter spürte und ihren kleinen, schlafenden Bruder sah, verstummte die Bockigkeit. Sie beugte ihren Kopf über ihn und Heinrichs Augen öffneten sich langsam. Er war gerade erst eingeschlafen, aber irgendwie ahnte er, dass vor ihm jemand Besonderes stand.

Ungläubig betrachtete er Sabine. Ein lächelndes Gesicht schien Sabine entgegen und sie war froh die Abkehr vom Weg hierher doch nicht erzwungen haben zu können. Ihr Gemüt war voller Harmonie und Freude, als er plötzlich mit der ganzen Kraft einer kleinen Babystimme anfing zu schreien. Sabine schrak zurück und wertete das als Angriff. So begann sie, in der Gewissheit lauter sein zu können, loszukrakeelen. Heinrich hielt kurz inne, um dann alles entgegenzusetzen, was er hatte. Zwei hochrote Köpfe brüllten um die Wette (Welt). Ein wenig verdattert, aber aufgrund der überaus anstrengenden letzten Stunden und Tage, lächelten Anna und Jochen gelassen. Sie herzten sich und es war, als drückten die kräftigen Schallwellen die glücklichen Eltern noch mehr aneinander. Voller Innigkeit und froh nun zwei gesunde Kinder im Krankenhaus wild schreien zu hören, küssten sie sich und sprachen sich leise ihre umfassende Liebe ins Ohr.

Die zurückliegenden Stunden, die Geburt Heinrichs, waren alles andere als einfach gewesen. Nicht, dass irgendeine Geburt einfach sein könnte, aber in diesem Fall stand der Sensemann lauernd im Kreißsaal, in der Hoffnung Beute zu machen. Denn Heinrich hatte sich entschlossen, die Welt mit dem Allerwertesten zu begrüßen. Eine verhängnisvolle Schieflage. So kam es zur ersten großen Narbe, die nicht Heinrich direkt, sondern seine Mutter zu tragen hatte. Unter den Schmerzen der Wehen sank sie in die Vollnarkose und ermöglichte so Heinrich als Kaiser auf die Welt zu kommen. Unzählige Stunden an Schmerzen waren Heinrichs Geburt vorausgegangen. Schmerzen und körperliches Ziehen und Zehren, was leidvoller war, als Messerstiche in den Rücken oder als Finger, die herumturnen, nachdem sie von der Kreissäge zum Tanzen gebracht worden sind. Vielleicht kann man sich den Geburtsschmerz so vorstellen, dass jedes Körperteil mindestens einmal zersägt wird. Aber nicht ritsch-ratsch schnell, sondern langsam mit einem Fuchsschwanz und man ist gezwungen zuzuschauen. In jedem Fall bittere Schmerzen, die nur die unbedingte Liebe von Heinrich aufwiegen konnte.

Dass sich ein so arg malträtierter Körper, der mehrfach zersägt und durch den Fleischwolf gejagt wurde, durch ein einziges Schreien verwehen ließ, ist ein erstaunliches Wunder, dachte Anna, als sie Heinrich erstmals in den Armen hielt. Sofort wurde er ruhig. Er fühlte, dass er wieder in Geborgenheit war, auch wenn ihm diese windige Umgebung nicht behagte.

Als erster Akt der Begrüßung küsste Anna mit aller mütterlichen Liebe ihren kleinen Jungen auf die Stirn. Sehr behutsam und samtigzart. Ein Kuss, der Heinrich nicht nur Liebe einhauchte, sondern der das Bewusstsein frühzeitig wachsen ließ. Eine Geste, die auch in Anna einen warmen, nein sogar fast heißen Strom auslöste, der langsam von den Zehen her bis in die Haarspitzen stieg. Eine Wärme, die beide auf das Allerdichteste verbindet. Und eben diese Wärme, die weit mehr als eine bloße Hitzewallung, mehr als eine körperlich vernehmbare Euphorie war, floss über die große Narbe, die der Kaiserschnitt hervorgerufen hatte. Und gerade als sich das unsichtbare Wärmepflaster vollkommen mit Anna verbunden hatte, gerade in jenem Moment fing es an wie aus Kübeln zu schütten. Jedoch nicht, dass sich wie gewöhnlich die Wolken wie ein schwarzer Vorhang zuzogen. Ganz im Gegenteil stand die Sonne hoch am Himmel und drückte jede Wolke aus ihrem Lichtkegel. Vom blauen Himmel, ohne einen Klecks von Weiß oder Grau, goss es sich sinnflutartig nieder. Es prasselte auf das Fensterbrett des Krankenhauszimmers. Und an den großen Fenstern zerplatzten literweise Regentropfen, als ob ein altes Waschweib ihren nimmerleeren Putzeimer mit heftigen Schwüngen wieder und wieder entlud (leerte).

Die Faszination des sonnigen Regens beruhigte alle Gemüter. Und so war es dem Arzt, der im Türrahmen lehnte, als blicke er in ein bewegtes Stillleben. Der Vater, der seiner Frau liebevoll die Hand hält. Neben ihm die große kleine Tochter, die zum kleinen Heinrich schaut, der in den Armen der Mutter sicher geborgen ist. Der Doktor Prause fühlte sich unbehaglich bei dem Gedanken daran, über dieses fast photorealistisch gemalte Bild einen dicken, expressionistischen Pinselstrich drücken zu müssen.

Aber es war seine Aufgabe, sein geleisteter und abgelegter Eid, der ihm keine Wahl gab. Er beschloss, sich erst einmal langsam und leise zurückzuziehen, denn er konnte auch später noch sagen, was er sagen musste. Und bis dahin konnte er auch nochmal überlegen, wie die Wahrheit richtig zu formulieren sei. Würde er zu heftig und zu ehrlich sein, würde das sicher nicht gut sein. Es wäre für niemanden gut und es sollte ja zum Wohle aller sein, dachte er. Viele Menschen in dieser Zeit trugen diesen Satz in sich. Und gerade Menschen wie GG sagten ihn gebetsmühlenartig auf; mal leise und mal laut. Fast immer wenn GG mit seinem (schwarzen) Wartburg wild und äußerst rücksichtsvoll auf den Straßen unterwegs war, wusste er einen guten Grund, warum dies zum Wohle aller sei. Seine Pünktlichkeit komme schließlich allen zu Gute, sei letztlich sogar vorbildhaft. Und wenn es zu Unfällen kam, stand außer Frage, wer hätte bremsen müssen. Sein Amt, seine Person sei eben wichtiger und allen sei geholfen, wenn es ihm gut gehe (ginge). Die paar Unfälle könne man einfach verrechnen mit seinen Leistungen am Kollektiv. Und so seien es nur Bagatellen, selbst wenn der ein oder andere Mal ein Körperteil verliere oder gar stürbe. Auf das Ganze gesehen sei sein Verhalten für alle förderlich. Denn wer zum Wohle aller denke, der könne nicht (nie) falsch liegen. Heinrich wusste noch nichts von diesem Spruch, als sich etwas ereignete, was zu seiner ersten erinnerbaren Erinnerung werden sollte.

II

Seit einem knappen Jahr fuhr Anna ihn jeden Morgen mit dem Fahrrad zum Kindergarten. Heinrich war vor einigen Wochen vier Jahre alt geworden und freute sich meistens auf den Kindergarten. So auch an diesem Morgen, als ein windiges Herbstwetter das Laub aufwirbelte und die Bäume entkleidete. Anna hatte beschlossen nicht wie üblich direkt zum Kindergarten zu fahren, sondern wollte die S-Bahn nehmen, um nicht im aufziehenden Gewitter zu landen.

Sie hatte eine Heidenangst vor Blitzen, da ihr in ihrer Kindheit ein Blitz bedrohlich nahe gekommen war. Sie stand in einer großen Scheune. Auf der Fensterbank ein Radio. In Bruchteilen von Sekunden zerschmetterte es die Musik und ein heller Lichtkegel durchfuhr sie. Ihre Haare standen aufgeladen zu Berge und ein tiefer Schock steckte schlagartig in ihren Knochen. Sie musste damals, obwohl ihr alles andere als danach war, laut lachen.

Jetzt aber konnte sie nicht lachen, als sich Blitz und Donner durch ein hochfrequentes stummes Pfeifen ankündigten. Das Fahrrad klapperte über die gelben, viereckigen Steinplatten, die vom schwarzen Teer umschlossen waren. Sie lehnte das Fahrrad an ein ummauertes Blumenmeer und hob den kleinen, pausbackigen Heinrich aus dem Korb, der über dem Vorderrad angebracht war. Während der Fahrt beobachtete er meistens seine Mutter. Nicht nur weil er in ihrer Richtung saß, denn er hätte auch nach links oder rechts in die vorbeirauschende Umgebung schauen können. Nein, es war das Wärmeband, was ihm zu verstehen gab, dass seine Mutter wesentlich interessanter ist, als Häuser, Bäume und andere Menschen. In blauen Hosen und dunkelblauer Jacke stand Heinrich auf den gelben Vierecken. Er achtete darauf das Unglück, die schwarzen Linien nicht zu berühren und hüpfte waghalsig von Glück zu Glück. Er hatte eine hellblaue Mütze aus zartem, dünnen Stoff auf dem Kopf; mit einer kleinen Klappe vorne dran. Es war noch etwas Zeit und Heinrich sprang umher. Anna schaute leicht geängstigt nach oben und hoffte, dass die S-Bahn rechtzeitig kommen möge. Einige Passanten standen ringsumher und der ein oder andere schaute im gleichmütigen Takt auf die Uhr und seltsamerweise zeigte die Uhr jede Minute, die sie erneut guckten, an, dass erst eine weitere Minute vergangen war.

Es pfiff immer stärker und obwohl Anna stets darauf achtete, dass Heinrichs lockiger, blonder Schopf und seine Ohren gut geschützt waren, blies der Wind, in einer stoßartig-flatternden Bewegung, die hellblaue Mütze durch die Luft. Heinrich blieb verdattert stehen und sah, wie seine Mütze hin und hersegelte und schließlich auf die Bahngleise fiel. Er senkte seinen Kopf und sah, dass er mit dem linken Fuß auf der Linie der umrahmten Vierecke stand. Sofort brach in ihm ein heftiges Schluchzen aus, so dass er Rotz und Wasser heulte. Anna war, nachdem sie kurz ins Gleisbett geschaut hatte, zu ihm geeilt und versuchte ihn vergeblich zu trösten. Die schöne Mütze. So weich und warm. Das ist ungerecht. Eine Welle schnoddriger Empörung durchbrach Heinrich und er schrie seine ganze Wut über den Verlust seiner Mütze hinaus. Wie konnte die Welt ihm das antun, ging es ihm durch den Kopf. Diese Welt, mit der er doch immer eins war; mit der er sich ganz eng fühlte. Jeden Moment müsste die (S-)Bahn kommen und seine Mütze überrollen.

Einige Passanten waren auf Heinrichs Unglück aufmerksam geworden, verharrten aber in ihrer Haltung und schwiegen sich zur Bahnankunft durch. Nur einer trat tapfer hervor und kniete sich zu Heinrich hinab. Es war ein junger NVA-Soldat. Einer der keine gebetsmühlenartigen Sprüche brauchte und sie nur mit geknirschten Zähnen sprach, wenn man ihn zwang. Einer der beherzt half ohne sich gleichzeitig einen Blumenstrauß zu versprechen. Er gab Heinrich zu verstehen, dass alles gut werde. Nach einem kurzen Lächeln stieg er auf die Gleise und reichte Anna die Mütze hinauf. Anna bedankte sich. Heinrich sah, wie der Soldat über die Starkstromleitung sprang und herüberwinkte. Anna setzte Heinrich sofort die Mütze auf und zog sie so weit es ging über den großen Kopf. Er wurde plötzlich ruhig und nachdenklich. Er empfand tiefe Freude seine Mütze, seinen Schatz unverhofft wiederzuhaben. Aber was passiert mit dem Soldaten, dachte er mitfühlend. Die Bahn fuhr wenige Sekunden später ein und es schien Heinrich unmöglich, dass der Soldat die Bahn noch kriegen konnte, zumal die Schranken geschlossen waren. Andererseits hatte er es auch nicht für möglich gehalten, seine Mütze jemals wiederzusehen. Er könnte die Schranken überwinden und schnell zur Bahn rennen, wenn er sie überhaupt erreichen wollte.

Anna und Heinrich stiegen ein und emotional durchwühlt schaute er aus dem Fenster in der Hoffnung ihn sehen zu können. Vergebens. Doch Heinrich hatte etwas erlebt, was er nie vergessen würde. Er war nicht nur zu Bewusstsein gekommen; er hatte nicht nur seine erste erinnerbare Erinnerung, sondern er hatte sogar Hilfsbereichtschaft und eine unbedingte Zuneigung, eine liebevolle Menschlichkeit erfahren. Ein Erlebnis, welches den kleinen Heinrich prägte und faszinierte. Und auch die Enttäuschung darüber, dass ihn der Wind, die Natur, die Welt unglücklich machen konnte, war etwas leichter geworden – denn er hatte sie wieder, seine hellblaue, samtig-leichte Mütze.

*

Und was wäre Heinrich ohne Mütze, die sein blondes, gelocktes Haar vor der Verwitterung schützte? Nicht nur ihm, sondern vielen anderen Kindern gab sie Orientierung. Wie fast jeden Vormittag entbrannten heftige Kämpfe. Die Kinder tollten nicht leichtfüßig herum. Sie verschanzten sich hinter grünen Boxen, in denen allerlei Wurfmaterial verstaut war. Heinrich duckte sich in neuem Bewusstsein ab, als er die gelbe Schippe aus Eisen

9

angeflogen kommen sah. Aus dem FF öffnete er die Scharniere der Box und bewaffnete sich. Er hatte keine Zeit zu schauen, wo die Schippe gelandet war. Soweit blieb er unverletzt und war bemüht das Gegenfeuer zu eröffnen. Die leichten Sachen, wie einen kleinen Eimer und ein paar Förmchen, aus denen sich herrliche Sandgebilde hätten formen lassen, flogen im hohen Bogen. Es war schwer den Gegner zu lokalisieren. Viel war in Bewegung und immer wieder schaute Heinrich angespannt nach links und rechts. Das wichtigste war zunächst unverletzt zu bleiben. Angeschlagen wäre er ein leichtes Opfer. Und immer wieder musste Heinrich sich entscheiden, ob er die Stellung bewahren oder wechseln sollte. Manchmal war es gut in der Position zu verharren und im Schutz einer Kiste, einer Rutsche oder einer Hecke zu bleiben. Die Attacken wurden intensiver, denn die gegnerischen Gruppen hatten sich auf ihn fixiert. In ihm sahen sie den Anführer. Und so rannte er, nachdem er einen großen Kegel geworfen hatte, hinter die große Hecke.

Es war die lange Hecke am Zaun. Sie war dicht gewachsen, so dass man hin und her strolchen konnte, um überraschend an beliebiger Stelle herauszustürmen. Nur selten war hier jemand anzutreffen, da es einige Schürfwunden verursachte hindurchzukommen. Aber Heinrich war furchtlos und wusste eine Stelle, an der er ohne große Schmerzen hindurchrobben konnte. Als er in der Sicherheitszone war und unbehelligt Luft holen wollte, stockte ihm der Atem. Es war jemand da. Erst überlegte er den Notstein, den er beim Kampf immer mit sich führte, abzufeuern, aber er hielt nicht viel von voreiligen Angriffen. Überhaupt fühlte er sich in den Kampf gezwungen. Und Anführer zu sein behagte ihm auch nicht. Ihn, der ja immer so sonderbar war, in eine solche Position zu drängen, ging es ihm oft durch den Kopf, war völlig unverständlich. Er würde lieber Schaukeln und mit niemandem ein Wort wechseln. Einfach träumen und ab und zu die Förmchen mit Sand füllen. Aber er konnte sich nicht hinauswinden. So oft er auch andeutete nicht kämpfen zu wollen; die Spielzeuge flogen und so musste er (war er gezwungen) sich verteidigen. Er kroch nun langsam zu der Person und merkte schnell, dass es ein Mädchen war. Er stand auf und ließ den verkrampft umklammerten Stein in seine Hosentasche fallen. Sie blickte kurz zu ihm und er verstand. Mit ruhigen Schritten ging er auf sie zu und stellte sich neben sie. Sie schauten durch den Zaun und träumten, dass die Zeit schneller vergehen würde und ihre Mütter baldigst erschienen, um sie abzuholen. Die Autos fuhren vorbei und der Wind pfiff das Lied der Wartenden. Heinrich merkte, dass etwas Neues, etwas Wichtiges in ihm emporkroch. Aus dem Augenwinkel sah er das Mädchen an. Vorher hatte er sie noch nie hier gesehen. Sie muss wohl neu sein. Er hatte das Bedürfnis sie anzuschauen. Ihr Gesicht zu erkunden, wie eine Landkarte. Die Berge, die Täler, die Seen. Doch er wusste, dass es nicht angenehm war angestarrt zu werden.

Seine Erzieherinnen starrten ständig, als sei im Minutentakt mit Unsinn von Heinrich zu rechnen. Als ob er etwas dafür könne, dass er so komisch war. Ein paar Tage zuvor sollten alle basteln. Und mit großer Leidenschaft, mit herausragender und gespitzter Zunge war Heinrich dabei. Er war fast fertig; nur fehlte das I-Tüpfelchen. Ein Bild von sich selbst hatte er angefertigt. Einen Mund aus Wollfäden, Knöpfe als Augen, Pappe als Kopf. Doch wie konnte er gelocktes, blondes Haar darstellen. Wo alles aus dem Bild herausragte konnte er unmöglich einfach einen gelben Stift benutzen. Er stand grübelnd vor dem Bildnis, fuhr sich mit der Hand durch die Haare und hatte es. Mit Überschwang nahm er die Schere, die heute extra von den Erzieherinnen ausgeteilt wurden und schnitt sich munter Haarbüschel hinaus. Mit strahlendem Gesicht klebte er sie auf und gab seinem besten Freund und Unteroffizier Mika noch etwas ab. Er hatte deutlich mehr abgeschnitten als nötig war.

Mit Stolz geschwellter Brust gingen beide zur Erzieherin, die am Schreibtisch thronte. Doch anders als erwartet brach ein Donnerwetter hernieder. Ihre Augen traten hinaus wie bei einem tollwütigen Fuchs. Ihre Zähne schoben sich knirschend hin und her. Sie entriss ihnen die Bilder und schickte sie in die Zimmerecke, wo sie darüber nachdenken sollten, was sie falsch gemacht hätten (haben).

Völlig überrascht standen beide in ihrer wohlvertrauten Ecke. Leise flüsternd befanden sie, nichts falsch gemacht zu haben. Im Gegenteil, ihre Bilder waren hervorragend; denn sie waren nicht nur mit Stiften dahingekraxelt, sondern so realistisch wie möglich gemacht worden. Trotzdem sie sich da einig waren, spürten sie die fuchsigen Adleraugen auf ihren Rücken. Ein starres, permanent erniedrigendes Glotzen, was Heinrich traurig stimmte. Er würde es zwar vorerst vermeiden seine Haare in Kunstwerke einzubauen, aber zugestehen, dass er etwas Falsches getan hatte, würde er nicht. Dies würde ihn von der Ecke, den hinterrücksen Blicken befreien. Und oft genug hatte er sich reuig gezeigt; natürlich nur mit gekreuzten Fingern auf dem Rücken. Aber diesmal würde er einfach träumen und in der Phantasie wandern gehen. Ohnehin seine Lieblingsbeschäftigung, weswegen solche sogenannten Strafen des Rumstehens und Nachdenkens meist eher Lobescharakter hatten. Wären nur die Fuchsaugen nicht.

Aber am Zaun, mit dem unbekannten Mädchen war kein Fuchs zu sehen. Er wusste nicht warum dieses Mädchen plötzlich für ihn schön wurde, ihn so magnetisch neben sich gestellt hatte. Allein das Gefühl dieses Moments; diese Sehnsucht abgeholt zu werden, den Kriegern und Füchsen, alledem endlich entfliehen zu können, verband sie. Pure Innigkeit schob ihre Hände zueinander. Die kleinen Finger berührten sich und Heinrich durchfuhr eine Wärme, als ob er einen heißen Eintopf gegessen hätte. In der Langsamkeit und Zartheit einer wachsenden Sonnenblume umschlossen sich Finger für Finger, bis die Hände einander fassten. Die Augen schauten gerade aus und fielen in den (auf den aus dem Boden) austretenden Wurzeln einer Kastanie zusammen. Beiden war nichts klar. Ein Moment völliger Gedankenlosigkeit, als die Hände ineinander blühten.

Anders als die Hand der Mutter, die ja umso vieles größer war. Ungewohnt und die Zeit auflösend war diese Berührung. Heinrich war wie abwesend und kam langsam etwas zu sich, als das Mädchen zu weinen begann. Verwirrt und verunsichert drückte Heinrich noch einmal sacht ihre Hand und ließ sie entgleiten. Es machte ihn traurig ihre leisen Tränen zu hören und er fragte sich, ob er Schuld daran hatte. Doch er merkte, dass sie ohnehin zuvor unglücklich gewesen war. Die Zeit, die nicht vergehen wollte, der Zaun hinter dem sie wartete, die Mutter, die noch immer nicht da war – das alles musste es sein. Dieses Fassen der Hände, die magnetische Anziehung der Finger konnte nichts dafür; war es doch etwas, was sie gar nicht gemacht haben. Die Hände hatten sich von sich aus bewegt. Ganz ohne ihr Zutun war beiden so warm geworden. Vielleicht weinte sie vor Kälte, überlegte Heinrich. Es war ein rauer Wind aufgezogen, der hunderte von Blättern durch die Straße peitschte. Ein wildes Herumgewirbel. Unüberschaubar wie das Gefecht am Vormittag. Heinrich drehte sich kurz zu ihr und stellte zu seinem Erstaunen fest, dass sie ihn anschaute. Er bemerkte immer, wenn Augen auf ihn gerichtet waren. Nur diesmal nicht und so rutschte ihm der Gedanke, den er ihr vermittelte hatte, ohne ein Wort zu sagen hinaus.

Die großen, blauen Augen Heinrichs und die grün-braunen Augen des Mädchens fielen ineinander. Das Erstaunen, das Erblicken der Seelen schob Heinrich den Satz über die Lippen. Halblaut und mit zuversichtlichem Herzen tönte er: »Mach dir keine Sorgen, es wird alles wieder gut!«. Und wie auf Zuruf brach die Sonne durch die Wolken und wärmte sie. Noch immer sahen beide durch die Augen des anderen und es blieb kein Raum für Heinrichs notorisches Nachdenken. Er wäre diesem Satz, den er zwar gesagt hatte, der wohl aber nicht von ihm stammte, der nicht durch ihn gesprochen wurde; er wäre ihm nachgegangen. Nur es war zu neu, zu schön, gänzlich einnehmend, was vor sich ging. Es gab hier keinen Platz für Begreifen oder Nachdenken. Es gab nur Blaues und Grün-Braunes, was ineinander griff und Ein-was war, ohne vermischt sein zu müssen. Wie ein scheppernder Wecker riss das Heulen der Füchse beide aus dem Traum. Es war wohl schon Schlafenszeit. Heinrich führte das Mädchen durch die Hecke, indem er ihr einen Spalier machte. Er drückte sich gegen das Gestrüpp und das in schwarz und lila gekleidete Mädchen ging mit mildmelancholischem Gesicht hindurch. Wie eine Gazelle tapste sie staksig und scheu in das Gebäude.

Ein länglicher, grauer, bunkerähnlicher Bau mit einem Eingang, der zugleich der Ausgang war. Die kleinen Holzbetten waren bereits aufgestellt und die Jungen auf der einen, die Mädchen auf der anderen Seite begannen sich zu entkleiden. Heinrich lugte immer wieder hinüber und sah, wie sich das Gazellenmädchen auszog. Zunächst die lilane Hose, so dass die weiße Unterwäsche sichtbar wurde. Er erahnte einen unumstößlichen Unterschied zwischen sich und ihr. Und einen tief greifenden Reiz, den er sich nicht erklären konnte. Ganz langsam zog er sich seine Socken aus und setzte sich auf den Boden, um besser beobachten zu können. Sie streifte ihr schwarzes Nicki (T-Shirt) über den Kopf und ihr nackter Oberkörper zeigte sich. Kein großer Unterschied. Nur die Körperform war anders; zarter und filigraner. Bezaubernde Wesen, dachte er und fragte sich, als er im Bett lag, wieso er erst jetzt hinübergeschaut hatte. Diesen Anblick, diese Anziehung des Ausziehens war doch herrlich.

Wie immer in der Schlafenszeit im Kindergarten konnte er nicht schlafen. Heinrich begriff nicht, dass er die Augen zumachen sollte, wenn es hell ist (war). Erst später sollte er begreifen, dass man auch im Dunkeln spielen und im Lichte schlafen kann. Wie ihm erging es auch dem Mädchen vom Zaun. Sie stand auf, zog den Bettbezug von der Decke und vom Kopfkissen, hielt kurz einen Moment inne, um dann alles wieder zu beziehen. Heinrich sah, wie die Erzieherin die Stirn in Falten legte und die Nase rümpfte. Und widererwarten ließ sie es geschehen. Immer und immer wieder zog das Gazellenmädchen die Bezüge aus und an. Leise und ruhig, so dass Schlafkinder

14

schlafen und Träumkinder träumen konnten. Sie muss wohl schon länger hier sein und Heinrich wunderte sich erneut über sich. Wie konnte er das nicht bemerkt haben, wie konnte er das verschlafen haben? Ein Ritual aber war nicht an ihm vorbeigegangen. Die Erzieherin saß jedes Mal auf dem Stuhl und aß einen Joghurt. Nein, sie aß nicht nur, sie zelebrierte das Löffeln in einem kunstvollen, mechanischen, immer gleichen Vorgang. Zunächst zog sie den Deckel vom Becher, so dass er noch am selben blieb und kratzte den Joghurt vom Deckel in den Becher. Der Deckel wurde dann abgemacht und in den Papierkorb gelegt. Dann das Essverfahren. Löffel eintunken. Gehäufter Löffel gerade zum Mund. Geebneter Löffel hinaus. Betrachten ob eben. Hinein in den Mund. Platt machen und leer. Leeren Löffel begutachten. Und wieder von vorne. Gehäuft, geebnet, geleert. Zwischendrin Gutachten erstellen. War der Becher fast leer, wurde er bis auf das Letzte ausgekratzt. Leise und Langsam. Und das jeden Tag, um die gleiche Zeit, im gleichen Verfahren. Vielleicht war Heinrich von diesem meditativ-mechanischen Verfahren eingeschlafen oder gar hypnotisiert worden. Heinrich dachte gerade an die schöne Gazelle und hatte ihr weißes Höschen aus Baumwolle vor Augen, als es neben ihm unruhig wurde.

Die Erzieherin kam flugs (fluchs) herbei und zerrte den Jungen hinaus. Sein Schlafanzug war pittiplatsch nass. Er hatte eingepullert. Heinrich fragte sich, was für eine Strafe darauf stand. Er hatte das Gefühl der Junge würde weggesperrt in einen klammen Raum, denn der Fuchs war böse, zumal der Joghurt noch nicht alle war. Dieses fast heilige Ritual zu stören, war vermutlich noch schlimmer, als ins Bett zu machen. Heinrich wollte wissen, was das für Folgen hatte; was mit dem Jungen passieren würde. Und jedes Mal, wenn der Fuchs zu ebnen begann, versuchte er von nun an auch ins Bett zu machen. Er strengte sich an, doch es wollte nicht gelingen. Er dachte an Wasserhähne, an Regenwetter und alles was (im Entferntesten) mit Wasser zu tun hatte, aber nichts floss. Er versuchte zu drücken, bis sein großer Kopf rot wurde. Er versuchte zu entspannen. Er versuchte die Luft anzuhalten, schneller oder langsamer zu atmen, doch es gelang ihm nicht ins Bett zu pullern. Und Heinrich ist niemand, der schnell aufgibt; nur als er eines Nachts zu Hause ins Bett machte, wurde es unangenehm. Nicht nur das nasse, schmierige Gefühl und die Besorgnis seiner Eltern waren unangenehm, sondern vor allem das Erlebnis, was dem vorausging.

III

Es war der Clown vom Fensterbrett im Kinderzimmer, der ihn fratzenhaft ansah und mit verhöhnendem Gelächter näher zu kommen drohte. Heinrich ahnte, dass der Clown wohl nicht sonderlich erfreut war und vor lauter Angst lief es warm aus ihm heraus. Am nächsten Morgen stellte Heinrich den Clown in den Schuhschrank im Flur. Versteckt hinter verbotener Westliteratur, sollte er zum Schweigen gebracht werden. Er konnte nicht zuordnen, warum ein Clown, der ja Spaß machen und zum Lachen bringen sollte, plötzlich so böse wurde. Aber das war erst einmal zweitrangig; der ungemütlich Werdende musste weg. Ab in die dunkle und staubige Ecke des Schuhschranks. Manchmal wünschte sich Heinrich seine Schwester Sabine auch dort verstauen zu können. Aber der Streit ging meist rasch vorbei und alleine zu spielen wäre ja nur halb so spannend. Nur zu diesem Gedanken mochte sich Heinrich jetzt nicht durchringen. Ohnehin konnte er davon ausgehen, dass der Streit das Zusammenleben nicht zerstören würde. Im Gegenteil, es schien nach jedem heftigen Zwist eine sehr friedliche Phase zu folgen. Aber es hatte genug Ruhe gegeben.

Die Bauten aus Holzklötzchen waren nahezu vollendet. Sowohl Sabine, als auch Heinrich benötigten das letzte, dreieckige Klötzchen. Fast zeitgleich realisierten sie, dass es vor dem Heizkörper lag. Und wie zwei Schlangen lauerten sie und versuchten eine Gestik auszustrahlen, die sagte: »Ich-brauch-es-nicht-mein-Haus-sieht-ja-gut-genug-aus.«. Heinrich schaute durchs Zimmer als würde er träumen, ließ den entscheidenden Klotz aber nicht aus den Augen. Sabine hatte den Braten gerochen und fragte, wo denn der Clown hin sei. Heinrich stutzte, denn er hatte ihr bereits davon erzählt. Und in diesem Moment schnappte sie zu, warf sich Richtung Heizkörper und ergatterte den letzten Klotz. Dieses hinterhältige Blendungsmanöver stimmte Heinrich sofort zornig. »Das ist gemein. Ich will ihn haben!« stieß er energisch aus und packte nach dem Dreieck in Sabines Händen. »Das ist meins!« hallte es ihm entgegen und ein heftiges Gerangel und Geplärre brach aus. Die großgewachsene und kräftigere Schwester behielt die Oberhand und streckte das Klötzchen für Heinrich unerreichbar nach oben. Er brüllte lichterloh, denn er wusste, dass ein noch so hoher Sprung nicht ausreichen würde. Sabine reichte es ihm entgegen, um das Schreien zu unterbinden. Ungläubig griff Heinrich danach. Er griff ins Leere, denn sie zog es sofort weg. Erneut heftiges Schreien. Wieder reichte sie es ihm. Zögerlich stand er da, um impulsiv und rasch zuzuschnappen. Vergebens. Erneut Schreie der Ungerechtigkeit. Und wieder Entgegenhalten. Heinrich wartete still. In seinem Kopf ratterte es. Langsam reichte es ihm und so stürzte er nach vorne. Beide fielen zu Boden. Das Klötzchen fiel zu Boden. Beide ließen ihre Augen streifen auf der Suche nach dem entscheidenden, letzten Teil. Es schien wie vom Erdboden verschluckt und wurde sofort nebensächlich, als sie bemerkten, dass ihre Häuser eingestürzt waren. Sich gegenseitig die Schuld zuweisend schauten sie sich verdattert und enttäuscht an.

Die Zimmertür öffnete sich, denn das Torobaworo (Tohuwabohu) hatte die Aufmerksamkeit von Jochen und Anna geweckt. Sofort zeigten sie gegenseitig mit dem Finger aufeinander und tönten: »Er hat angefangen« und »Gar nicht, sie hat angefangen«. Beide kannten dieses Spiel und hatten ihre Reaktionen darauf quasi verabredet. »Es ist egal wer angefangen hat. Macht das unter euch aus!« gab Anna mit erzwungen harschem Ton zu verstehen. Die Tür schloss sich und beide waren verwirrt. Sonst hatte es ja immer gut funktioniert. Mal wurde der eine, mal der andere gerügt. Aber diesmal gab es zwei Sieger, oder besser zwei Verlierer, denn es gab keine Strafe. Weder eine gerechte, noch eine ungerechte. Sie beschlossen das Ganze in den Mantel des Schweigens zu hüllen. Beide fühlten sich etwas versetzt. Es gab keine klare Instanz und so musste es vorerst unklar bleiben. Aber sie würden es nicht vergessen und früher oder später würde sich ein Sieger und ein Verlierer herausstellen. Das Spiel war noch lange nicht vorbei.

Sabine verließ das Kinderzimmer und ging in die Küche, um am Rockzipfel ihrer Mutter Halt zu finden. Heinrich tat, was seine Eltern ihm auf Anraten der Ärzte empfohlen hatten. Er begann zu malen. Es würde ein Portrait seiner Schwester werden. Komplett ungeschönt und sicher nicht mit blauem Himmel und lachender Sonne. Der schwarze Stift schien ihm die passendste Farbe zu sein, in dieser Situation. Sogleich versank er in das Bild und war sehr verwundert, als er fertig war. Es war kein bisschen Schwarz im Bild. Hingegen lachte eine gelbe, strahlende Sonne, blaue Kuschelwölkchen und eine liebevolle Schwester, die Heinrich ein Geschenk überreichte. Es war das entscheidende, dreieckige Holzklötzchen. Seltsam.

In der Küche war das Essen fertig. Es gab Linsensuppe mit Essig und Zucker abgeschmeckt. Anna forderte Sabine auf, Heinrich und Jochen Bescheid zu sagen. Sabine trat einen Schritt aus der (kleinen) Küche, in den (kleinen) schmalen Flur und brüllte: »Essen ist fertig!«. Mit einem Gesichtsausdruck zwischen Schmunzeln und erzieherischer Ungläubigkeit sagte Anna: »Wunderbar. Das hätte ich auch gekonnt.«. Sie bat Sabine die Teller und das Besteck ins Wohnzimmer an den Esstisch zu bringen. Gesagt, getan. Es war das große, sonntägliche Essen und so gab es für die Kinder die besonderen Teller. Für Sabine den »gestiefelten Kater« und für Heinrich den »Hans guck in die Luft«. Alle saßen versammelt um den Tisch und begannen nach dem vierfach erklungenen »Guten Appetit« zu essen. Die Sonne schien in das Wohnzimmer des vierten Stocks und steigerte das Wohlempfinden. Ein Moment von Harmonie und Glückseligkeit, da Heinrich und Sabine getobt hatten und ruhig ihre Märchenfiguren freilöffelten. Ein Moment von Ruhe in dieser kleinen, aber sich sehr groß anfühlenden Wohnung. Es hatte vieler richtiger Kreuze und zahlreicher Tauschgeschäfte bedurft, um aus der vorigen Zwei-Raumwohnung in diese Drei-Raumwohnung zu kommen. Ohne Tauschen wäre auch das frische Schweinefleisch (Speck) nicht im wohltuenden Eintopf gelandet. Aber an Tauschen, an richtige oder falsche Sätze war jetzt nicht so sehr zu denken. Anna und Jochen waren jedenfalls mächtig stolz auf ihre Kinder, ihre schöne Wohnung und seit Neuestem auch über die schöne, hellbraune und Vorwärtsgang signalisierende Schrankwand. Wo noch vor einiger Zeit am Monatsende gehungert wurde, um Kleidung oder Apfelsinen für die Kleinen zu bekommen, da war es nun möglich Möbel zu kaufen. Das alles lag im Essig-Zucker-Dampf des Linseneintopfs. Bitter und ätzend neben süß und verdrießlich.

Und bittersüßlich sollte auch die anschließende Fahrt in die Provence, in den kleinen Bungalow unweit der Stadtgrenze werden. Nicht lange nach dem Essen packten die Eltern die nötigen sieben Sachen zusammen. Nicht, dass ein Ausflug in das Gartenidyll eine hektische Angelegenheit gewesen wäre; vielmehr war es die Sonne, in deren Zenit sich die Beine am angenehmsten vom Körper strecken ließen. Hinein also in den himmelblauen P-601 und mit ratterndem Ton und weißen Wölkchen am Heck zum Garten. Der Rasen war bereits etwas verwachsen und würde zu mähen sein. Das Grundlegende aber war fertig. Mühevoll hatte Jochen zahllose Wochenenden am Bungalow gebaut. Schwere Platten gegen Stifte, linierte und karierte Schulhefte getauscht. Gemessen, angerührt, gespachtelt und gehämmert. Und wenn in etwas so viel Schweiß und Zeit geflossen ist, war es nicht verwunderlich, dass seine Brust bei jedem Ausflug breit aufgeplustert war. Es gab sogar einen Wasseranschluss und eine Terrasse aus gelben Platten, wie sie auf Bahnhöfen zu finden waren.

Sie öffneten das unabgeschlossene Tor und gingen hinein. Freudestrahlend und tobend liefen Sabine und Heinrich über die Wiese. Die Schaukel im Visier, die an einer umwerfend großen Birke befestigt war. Dieses Vorgehen hatte sich eingespielt. Wer zuerst drauf saß, durfte schaukeln. Und der andere musste zusehen. Sabine gewann den ungleichen Wettlauf mit ihren langen Beinen, war aber bemüht Heinrich das Gefühl zu geben eine Chance zu haben. Ab und an ließ sie ihn gewinnen. Nur heute, nach der Klötzchenauseinandersetzung war kein Raum für großes Mitgefühl. Heinrich spürte seine Unterlegenheit und gab schweigend nach. Er würde später schaukeln und sich den Wind durch die Haare wehen lassen.

In heller Vorfreude auf ein Sonnenbad, was für die arbeitsamen Tage entlohnen sollte, stürzten Anna und Jochen ins Haus, um die Liegestühle auf die Terrasse zu holen. Animiert durch den energischen Laufstil, rannte Heinrich hinterher. Hätten seine Eltern ein Entenschwänzchen gehabt, so wäre seines im gleichen Takt hin und her getanzt. Er schnatterte die Laute der Eltern halb brummend, halb summend, nachahmend über den Weg. Es waren noch einige Meter bis zur zweistufigen Erhöhung zur Terrasse. Heinrich kam der Bahnhof, der NVA-Soldat, seine blaue Mütze in den Sinn; und träumend blieb er mit dem linken Füßchen an der ersten Stufe hängen. Seine Eltern kamen mit den Stühlen aus der Tür und sahen, wie Heinrich zu stürzen drohte. Ein kurzer Augenkontakt zwischen Heinrich und seiner Mutter, bevor ihn das Bewusstsein verließ. Mit voller Wucht knallte Heinrichs Kopf auf die Stufe. Direkt auf die Stirn. Reglos blieb der kleine Körper liegen.

Fast über die fallengelassenen Stühle fallend eilte Anna zu ihm und nahm ihn in den Arm. »Wir müssen los, ins Krankenhaus!« sagte sie energisch, nachdem sie die klaffende Wunde erblickt hatte. Dunkelrotes Blut war über Heinrichs Gesicht gelaufen. Mit dem Ärmel wischte sie ihm das Blut zur Seite. Jochen war mit einem frischen, weißen Nicki (T-Shirt) herangeeilt und sagte: »Hier, drück das auf die Wunde.«. Und er signalisierte, dass es sofort losgeht. Er schnappte sich Sabine, die von der Schaukel hergelaufen kam. Schnell musste es gehen. Auf dem Beifahrersitz, mit Heinrich auf dem Schoß, fühlte Anna den Puls. Jochen versuchte den Motor zu starten, aber der Funke wollte nicht überspringen. Nochmal und nochmal. Vor lauter Frust haute er seine Hände auf das schwarze Lenkrad. Anna, mit Blick zu Heinrich, versuchte Jochen zu beruhigen und sagte: »Ganz ruhig, mach langsam.«. Und er riss sich zusammen, versuchte sich einzubilden, dass ja gar nichts sei; und es begann zu rattern, zu vibrieren, der Trabi sprang an. Sabine saß verschüchtert und mit fürsorglichem Gesicht auf der Rückbank. Der Trabi brauste los. Vielleicht war es ihre Schuld, dachte sie. Hätte sie ihn zuerst schaukeln lassen, wäre es sicher nicht passiert, ging es ihr durch den Sinn.

Als der Trabant die Hälfte des Weges zum Krankenhaus hinter sich gebracht hatte, schlug Heinrich die Augen auf. Er sah seiner Mutter verwirrt und lieblich ins Gesicht und fragte: »Müssen wir schon schlafen gehen?«. Anna war froh, dass er wieder bei Bewusstsein war und antwortete: »Nein, ihr könnt noch wach bleiben und spielen. Es wird alles wieder gut.«. Heinrich freute sich zunächst, bemerkte aber dann ein Puckern auf seiner Stirn. Irgendwas schien hier nicht zu stimmen. Und wieso war es plötzlich so neblig, wo doch gerade noch die Sonne schien? Und wenn alles gut werden würde, war da gerade alles schlecht? Mit dieser Frage im Kopf ging es in die letzte Kurve. Endlich waren sie am Krankenhaus. Flugs stiegen sie aus, um zu erfahren, dass alle Ärzte bis auf einen zu einer sozialistischen Arbeitstagung gefahren seien. Sie könnten aber Platz nehmen und in ein bis zwei Stunden könne sich der Arzt den Jungen mal ansehen. Dann ging die Krankenschwester schnurstracks den Gang hinunter. Das gibt es doch nicht, dachte Jochen entzürnt. »Komm mit, ich weiß, was wir machen.« sagte er hoffnungsstimmend.

Sie stiegen ins Auto und nach ein paar Querstraßen bogen sie auf einen kleinen, verschlagenen (verschlagenden) Waldweg ein. »Was hast du vor?« fragte Anna angespannt. »Vertrau mir, ich weiß, was ich tue!« gab er zu verstehen. Anna verstand nicht(s). Sie stiegen aus und liefen einen schmalen Pfad durchs Unterholz entlang. Immer wieder waren kleine Wimpel zu sehen. Bei einem blauen Wimpel verließen sie den Pfad und bevor Anna dies hinterfragen konnte, sah sie in der Ferne eine kleine Holzhütte. Mit den Kindern auf den Armen gingen sie so zügig wie möglich und so vorsichtig wie nötig voran. Vorbei an Wurzeln und Geäst, bis sie die unscheinbare Hütte erreichten. Ohne sich bemerkbar zu machen, traten sie ein.

Ein Chinese mit langem, weißen Bart saß in einen orangen (orangenen) Umhang gehüllt auf einem Stuhl. »Geben sie mir den kleinen Heinrich« gab er Anna mit sanfter Stimme zu verstehen. Anna kam das alles spanisch, ja eigentlich asiatisch vor und dennoch versuchte sie in dieser schweren Lage Vertrauen zu fassen. Sie gab ihn in seine Arme und sofort lächelte er so mild wie der chinesische Mann. Er legte Heinrich auf den Tisch und öffnete ein kleines Döschen, welches er bereits auf den Tisch gestellt hatte, als Heinrich noch enttäuscht von der Schaukel losging. Er tunkte den Zeigefinger in die gelbe, zähe Masse der Dose und fuhr Heinrich über die Wunde. Daraufhin wusch er das Blut aus den übrigen Bereichen des Gesichts und warf das ehemals weiße Nicki (T-Shirt) in den lodernden Kamin hinter sich. Aus dem Schub (Schublade) holte er ein weißes Pflaster und legte es über die Wunde. Vier Tage müsse er es tragen und dann sei alles verheilt. Mit offenem Mund stand Anna vor ihm, als er ihr Heinrich überreichte. Sie konnte nichts sagen, nicht mal als der wundersame Mann ihr zu verstehen gab, dass Heinrich ein ganz besonderes Kind sei. Und er meinte nicht nur besonders, nicht nur einzigartig, sondern noch weit darüber hinaus. Annas Grenze an Zutrauen war erreicht. Sie bedankte sich höflich und der Heiler verstand. Als Jochen ihm Geld entgegenstreckte, lehnte er ab und betonte, dass er durch Heinrich, durch diese unaussprechlich besondere Begegnung mehr verdient habe, als Geld einem Menschen je geben könne. Auch Jochen war jetzt mehr als verwundert, aber das Gefühl, dass es Heinrich nun besser ging, überwog. Als sie in der Tür standen und Sabine zurückschaute, klang es ihr entgegen, dass sie sich keine Sorgen machen solle, sie träfe keine Schuld. »Heinrich sei eben ein Kaiserkind besonderer Weise.« hallte es fast magisch in ihren Ohren. Auch Heinrich bemerkte den besonderen Ton in diesem Satz, aber er war noch zu benommen und im Geiste auf einem Floß im Ganges unterwegs. Langsam und achtsam gingen sie zum Trabi zurück und Anna und Jochen tauschten sich über das Erlebte aus. Und als ob das Ganze nicht schon kurios genug war, antwortete Jochen auf die Frage, woher er diesen Wunderheiler kenne, dass er es selbst nicht mehr wisse, es aber vor dem Eintreten ins Haus noch gewusst habe. Anna hakte nicht weiter nach. Wichtig war, dass Heinrich wieder wohl auf war und alles gut überstanden hatte.

Wortlos und verzaubert setzte Jochen die drei zu Hause ab und fuhr zum Garten, um abzuschließen, was er aufgrund der Eile hatte sein lassen. Als er zu den Stufen kam und bemerkte, dass keine Blutspuren mehr zu sehen waren, kam auch ihm die Sache irgendwie asiatisch vor. Er schloss den Bungalow unter heftigen Stirnfalten ab und ratterte zurück nach Hause. Seine Gedanken fuhren Karussell, als er gerade noch rechtzeitig bemerkte, wie die (S-)Bahnschranken sich schlossen. Er bremste ab und kam vor der weiß-rot gestreiften Leiste zum Stehen. Das rot blinkende Signal passte irgendwie zum heutigen Tag, dachte Jochen. Die Bahn stand am Bahnhof und ließ die Leute ein- und aussteigen. Aus Ostberlin hatte sie den weiten Weg hinaus bis in die Provence gemacht. Nur noch einen Halt und die Endstation würde erreicht sein. Nicht, dass die Bahn für immer dort endete. Sie würde sekundengenau Pause machen und der Bahnführer auf dem Weg zum Fußende, welches (auf dem Weg) zum Kopfende werden würde, eine Zigarette rauchen. Die Bahn würde quasi auf den Kopf gestellt werden, ohne sich zu bewegen.

24

IV

Es würde etwas Zeit bleiben für die Jugendlichen oder vielmehr für die Waghalsigen, die meist jugendlich waren, ihre Aktionen zu besprechen. Diese größtenteils kirschrote Bahn, die mit gelb und allerlei schwarzen Teilen, wie Nieten und Bolzen versehen war; diese Bahn ließ das Öffnen der Türen beim Fahren zu. Zwei zu beiden Seiten mussten die Tür an ihren schwarzen Griffen packen und mit Wucht zur Seite ziehen. Die Tür neigte dazu sich automatisch, mit mechanischer Kraft zu schließen. Unter pfeifendem Fahrtwind hielten sie die Türe auf und waren froh über diese Berufung, denn sie mussten nicht in die erste Reihe. Das Gefährlichste wurde jemand anderem überlassen. Und es hatte bei Leibe nicht mehr gereicht seinen Kopf mutig hinauszustrecken und kurz vor dem Holz- oder Betonpfosten zurückzuziehen. Diesmal ging es um mehr. Es ging darum, wer die Gruppe anführen würde. Es ging darum von Tür zu Tür zu klettern – bei voller Fahrt. Und oft genug kam es vor, dass gekniffen wurde. Der Wind wäre zu flatterig heute. Der Fahrstil zu ruckhaft. Oder ein zwielichtiger Genosse (IM) sei im Abteil. Und auch an jenem Tag, an jenem Morgen, als Anna mit Heinrich im Fahrradkörbchen in der S-Bahn fuhr, wurde die Aktion, wie so oft, abgeblasen.

Neben Anna stand Henrike. Eine Arbeitskollegin, mit der sie gut zurechtkam, die ihr aber etwas dubios erschien. Auch sie hatte ihren kleinen Knirps Mika im Körbchen. Beide saßen beisammen und sahen die Welt durch die S-Bahnscheibe an sich vorbeirasen. Es war ein launischer Herbsttag und ein leichter Hagel stellte sich ein, der sich vornahm im Verlauf des Tages stärker zu werden.

Und so nahmen beide Mütter ihre Jungen mit auf die Arbeit, um sie in einer Hagelpause zum Kindergarten zu bringen.

Sofort hatten die beiden Strolche mit ihren großen, verkitschten Augen und ihren roten Wangen (Bäckchen) die durchweg weibliche Arbeiterschaft auf ihrer Seite. Ganz süß seien sie. Das Arbeitsklima unter den jungen Frauen in der Wohnungsverwaltung war so schon sehr gut, aber die Jungen brachten einen Sonnenschein sondergleichen in die Schreibtischlandschaft. Der kleine Bürohickhack war vergessen, die Arbeit Nebensache. Die Frauen verstanden sich hier nicht nur gut, weil sie gleich verdienten und eine Kündigung schwer zu erzwingen war. Nein, sie waren mit den Jahren (aneinander) gewachsen und wussten um die Probleme, die es zu überwinden gegolten hatte und die Sorgen und Nöte, die nach wie vor im Türrahmen standen. Selbst der Chef hatte einiges preisgegeben.

Und selbst wenn niemand genau wusste, ob hier zusätzliche, überflüssige Ohren herumschwirrten, so wusste man ja, wie man es zu sagen hatte. Ein großes Verständnis, eine Wärme in dieser zusammengewürfelten Truppe, so dass es wirklich Spaß machte zu stempeln, zu lochen und zu telefonieren. Gut, Mahnungen waren nie eine schöne Sache. An diesem Tag, mit den Jungs, die von Tisch zu Tisch gingen, würde keine einzige Mahnung geschrieben werden. Heinrich und Mika erzählten wie alt sie sind und ließen jedes Wangenkneifen über sich ergehen. Dass sie schon groß waren, wussten sie nun auch schon. Aber das Durchhalten lohnte sich. Nicht um die Frauen allesamt vor Glückseligkeit schweben zu lassen, nicht um den Müttern zu zeigen, wie tapfer sie waren (sind), obwohl dies auch ab und an eine kurze Überlegung war. Nein, im Vordergrund standen die Süßigkeiten, die Kekse und Bonbons, die es nach jeder Wie-alt-bist-du-denn, Ach-ist-er-nicht-süß, Mensch-du-bist-aber-groß-geworden Nummer gab. Und die Frauen kicherten und die ein oder andere erinnerte sich an die wasserfallartigen Küsse der Großeltern.

Der Chef schritt durch die Reihen, was der Stimmung aber keinen Abbruch tat. Im Gegenteil. Der hahnenhafte Gang eines Gockels wurde imitiert und schallend gelacht. Der Chef blickte aus dem Fenster und ahnte, dass der Hagel nicht aufhören würde und die Frauen nicht ernsthaft arbeiteten, wenn die kleinen Jungen nicht in den Kindergarten kämen. Also bot er sich ganz selbstlos an, die beiden hinzufahren. Für Anna und Henrike gab es leider keinen plausiblen Grund dieses Angebot abzulehnen und so fuhr er sie.

Angekommen war klar, dass heute Frieden sein würde. Draußen war es zu kalt, zu matschig, zu verregnet. Es prasselte so stark gegen die Fenster und auf das Fensterbrett, dass man hätte glauben können, man höre afrikanische Trommler spielen. Vielleicht hatten sie in der Nacht einen Regentanz veranstaltet und die Wolken waren dann hierhergezogen. Es gab keinen Platz zum Träumen, nicht jetzt, wo Der-Plumpser-geht-um gespielt werden sollte. Alle wurden in eine Kreisform gebracht. Mädchen wie Jungen durchmischt. Es war Mika, der begann. Ihm war zuzutrauen, schnell in den Kreis der Sitzenden zu kommen. Mit einem grauen Turnbeutel ging er herum und von den beiden Füchsen angeleitet, fingen alle an zu singen: »Der Plumpser geht um, er weiß nicht warum. Er rüttelt sich, er schüttelt sich, er wirft ein Säckchen hinter sich. Der Plumpser geht um, er weiß nicht warum.«. Sobald der Turnbeutel hinter einem lag, verstummte der Gesang und man wusste, warum der Plumpser umhergegangen war. Er musste jemanden aus dem Kreis holen, um sich einen Sitzplatz zu ergattern, um zur Ruhe zu kommen und durchatmen zu können. Denn sobald der Beutel lag, musste gerannt werden. Man hatte zwei Möglichkeiten. Hinterherrennen oder entgegen. Die meisten rannten hinterher. Aber einige waren auch schlau und wussten, dass sie beim Entgegenrennen dem anderen das Tempo nehmen konnten. Klar gab es die Möglichkeit eines Zusammenstoßes. Und stieß man aufeinander, konnte man schnell aufstehen und in den freien Platz. Oder man konnte aufhelfen und bereitwillig Plumpser sein. Ein jeder schaute also hinter sich, wenn der Plumpser vorbeigegangen war, denn es hieß schnell zu sein, wollte man eine Chance haben. Mika suchte sich ein Mädchen aus, von der er wusste, dass sie langsamer sein würde. Und als sie aufstand, war er schon fast wieder da. Erneut wurde der Chor der Sitzenden angestimmt. Das Mädchen ließ den Turnbeutel fallen und rannte. Das andere Mädchen lief entgegen und war schneller wieder im sicheren Kreis. Nochmal und nochmal versuchte sie sich im Duell durchzusetzen. Vergebens. Heinrich fühlte mir ihr. Sie würde nie in den Kreis zurückkommen und so blinzelte er ihr zu, auf dass sie das Säckchen bei ihm ablegen sollte. Das tat sie auch. Heinrich, der durchaus (schau)spielerische Qualitäten hatte, tat so, als würde er es nicht bemerken und stand vollkommen überrascht und Widerstreben signalisierend auf. Das Mädchen lächelte dankbar.

Heinrich gefiel sich in der Rolle des Kaspers und lief Runde um Runde. Die Hälse der Sitzenden (Sitzenbleiber) drehten sich und schnellten zurück. Drehten sich und wieder zurück. Mehrfach wurde das Lied angestimmt. Nicht nur, dass es Heinrich Spaß machte, das Spiel ad absurdum zu führen. Sondern er sah auch nicht ein, einen schwächeren Menschen hinauszuziehen. Das war kein Duell unter Gleichen. Und vor allem nicht mit ihm, der herausragender nicht sein konnte. Gut, er hatte bisher immer Schwierigkeiten gehabt in den Kreis zu kommen. Aber jetzt hatte er das Prinzip ja verstanden. Ohne mich. Da mach ich nicht mit, dachte er. Und ging mit der Maske der Verzweiflung Runde um Runde. Die Erzieherin, die geduldig löffeln und ebnen konnte, war aufgekratzt. Im Geiste machte sie ein Kreuz in der Liste, unter der Kategorie zurückgeblieben und schwer erziehbar. Es reichte ihr. Sie zog ihn zu sich, rüttelte ihn am linken Arm und redete auf ihn ein. »Du musst den Beutel hinlegen! Junge, das kann doch nicht so schwer sein. Dann musst du rennen und in den freien Platz! Haben wir uns verstanden? – Gut, dann mach es jetzt richtig!«. Sie klang wie eine Schreibmaschine, denn der Zorn schob sich hörbar zwischen jeden Buchstaben. Heinrich war etwas schockiert. Sie war ganz schön wütend. Es sollte ja nur ein Spaß sein. Gut, er hatte ja verstanden. »Wir haben uns verstanden« hallte er halblaut in sich nach.

Wieder ertönte das Lied. »Der Plumpser geht um, er weiß nicht warum.«. Und Heinrich legte den Turnbeutel ab und Mika stand überrascht auf, da sie sich niemals gegenseitig ins Duell schickten. Doch dann bemerkte er, dass Heinrich den Beutel nochmal hinterlegte. Ein paar Schritte ging und nochmal. Ganz zügig, so dass schon über die Hälfte des Kreises stand. Einige rannten, manche blieben verwirrt stehen, ein paar Jungs liefen Runde um Runde, da sie bald vergessen hatten, wo sie gestartet waren. Einige erhoben sich, ohne dass ein Beutel hingelegt wurde und so war in wenigen Sekunden Chaos ausgebrochen. Niemand wusste wohin. Ob sitzen oder stehen. Ob lachen oder weinen. Aber fast allen kroch der spürbare Druck, die Anspannung des Gejagten (Gejagt-seins) von den Schultern. Und so wurde geschrieen und umhergerannt.

Die beiden Füchse sahen sich ratlos an und rauften sich die Haare. Dann taten sie das, was sie in ihrer Ausbildung gelernt hatten. Sie zogen Heinrich zu sich und brüllten Ruheerlasse durch den Raum. Sie überlegten, was sie tun sollten, denn es gab nicht genug Ecken, in die man die Kinder hätte stellen können. Die Joghurtfrau, deren Mann hoher Offizier war, erinnerte sich an eine einfache und wirksame Methode. »So meine Kleinen« begann sie mit liebevoller Krähenstimme und fuhr fort, »da der Heinrich sich ganz böse benommen hat, gibt es heute keinen Nachtisch. Für niemanden!«. Sofort schlug die Stimmung um. Wo zuvor Dankbarkeit für Heinrich war, schloss sich Enttäuschung und Wut an. Es gab ein paar, die eher froh waren, dass das blöde Spiel vorbei war und die den Verlust des Nachtisches verkraften konnten. Aber das Unbehagen war nicht aus der Luft zu schneiden. Heinrich musste in die Ecke, um mal wieder nachzudenken, was richtig und was falsch war. (Richtig Falsch) Nur diesmal konnte er nicht träumen, denn ab und an kamen böse Worte und auch kleinere Sachen geflogen. Radiergummis, Stifte und Turnbeutel. Er fühlte sich missverstanden und gedemütigt. Er wollte was für alle tun. Einen Spaß machen und dieses unsägliche Spiel zumindest erheitern. Und das war nun die Konsequenz. Gut, es mag einige geben, die zu mir halten, dachte er. Mika sowieso, aber auch das langsame Mädchen, seine Kampfgenossen, die ihm mit blauer Mütze (auf dem Kopf) wieder folgen würden. Doch ob das Gazellenmädchen zu ihm hielte, fragte er sich. Er hoffte, denn wenn nicht, würden ihre Hände nur noch durch Zufall und Zwang bei einem Ausflug zusammengeführt werden. Der süße Geruch von Zucker und Zimt, von Milchreis schwappte in seine Nase. Er ahnte schon, dass es beim Riechen bleiben würde. Als er und der Fuchs sich verstanden hatten, war ihm klar, dass es wohl nicht so appetitlich würde, aber dieser süße, warme Geruch; das war schon gemein. Zum Glück hatte er aber noch ein paar Süßigkeiten in der Tasche und so packte er lautlos einen Bonbon aus und führte ihn ungesehen zum Mund.

Währenddessen galt für die anderen Kinder aufzuessen. Immer musste aufgegessen werden, ob das Vorgesetzte schmeckte oder nicht. Ob man satt war, ob einem schlecht wurde, ob man sich übergeben musste, spielte keine Rolle. Diesmal aber ging es harmonisch zu, zumindest für die munter Essenden. Und auch wenn der Verzicht auf den Nachtisch den ein oder anderen schmerzte, so konnte dieser herbe Verlust an Lebensqualität mit kleinen Wurfgeschossen und Flüchen Richtung Ecke ausgeglichen werden. Es war etwas Besonderes; eine neue Freiheit. Hier herrschten sonst andere Regeln, die eher mit Zucht und Ordnung, denn mit Kriegsspielen zu tun hatten. Und so wurden selbst jene bestärkt Heinrich zu demütigen, die keinen Grund dafür hatten. Mika enthielt sich diesem Wahn und musste frustriert weiterlöffeln. Und ebenso wie Heinrich war er froh, als es zum Schlafen ging. Heinrich betrachtete wieder das Gazellenmädchen, die so in sich gekehrt war beim Umziehen, als sei sie alleine auf der Welt. Wieder sah Heinrich, wie der Löffel gehäuft, geplättet und geleert (gelehrt) wurde. Wie die Bechervernichtung wie geschmiert, wie geölt bis zum Grund des Bechers vorstieß und alles lautlos, aber sichtbar schluckte.

Das Gazellenmädchen war ruhig. Zog das Bettlaken nicht auf und ab wie sonst. Heinrich dachte über das Lied nach, was heute nach dem Spiel ausgeblieben war. »Hast fein gemacht, hast fein gemacht, drum wirst du auch nicht ausgelacht.« klang es sonst durch den Raum. Er hatte sich Auslachen anders vorgestellt. Nicht unbedingt angenehm, aber so nun gar nicht. Überhaupt befand er den Satz für gemein. Jemanden auszulachen, der sich nach bestem Gewissen und nach besten Kräften bemüht hat, widerstrebte ihm. Und auch lachen auf Knopfdruck kam ihm asiatisch vor. Lachen sei doch etwas Ungezwungenes. Fand er einen Witz nicht lustig, dann konnte er nicht lachen und wollte es auch nicht. Immer mehr Witze würden sich in die Welt schleichen, die gar nicht witzig waren. Und es wäre ja schlimm, wenn letztlich über alles gelacht würde, was nicht komisch ist. Wieso sollte man über ein Kind lachen, welches gerade Pilze essen musste, die sein Magen nicht recht annehmen mochte. Oder über das Kind neben ihm, welches die noch gut essbaren Pilze, wie eine Buchstabensuppe im Gesicht hängen hatte. Sicher, es ist schön die Füchse grimmig zu sehen, aber lustig würde es erst, wenn sie auf den Pilzen ausrutschten und kopfüber in den Suppentopf purzelten. Dort würden sie mit den Beinen nach oben wild strampeln und müssten erst den ganzen Topf leer essen, bis sie wieder auf die Füße kämen. Und sie hätten dann einen großen Bauch, unter dem man sich verstecken könnte. Und die Kinder würden alle lachen, wenn der Fuchs nach dem verloren gegangenen Kind schrie.

Aber alles nur Träumerei, die flugs vorbei war. Nach dem Schlachtruf »Sport frei!« hüpften sie über die Bänke. Rannten hin und her. Diszipliniert und ordentlich. Dehnten sich und streckten sich. Spielten Fangen. Heinrich war gar nicht da. In Gedanken versunken hoffte er, seine Mutter würde ihn bald abholen. Und sie kam als eine der ersten, als hätte sie gemerkt, dass sie heute besser früh als spät da sein müsste. Der Tag, der voller Hagel war, brach auf. Die Sonne schob die Wolken bei Seite und die Pfützen flossen ab.

V

Herzlich und stürmisch umarmte Heinrich Anna. Sie spürte die innere Anspannung, die energische, haltsuchende Intensität; strich ihm lieblich über die Wange, setzte ihm seine Mütze auf und hob ihn in den Fahrradkorb. Die Räder begannen zu rollen. Heinrich wurde vom Fahrtwind am Rücken gekitzelt. Auf dem geteerten Fahrradweg entlang sah er das angestrengte, aber glückliche Gesicht seiner Mutter. Sie begann zu erklären, dass man die Menschen höflich grüßen müsse, dass man nett sein solle und offenherzig sein sollte, soweit es nur ging. Heinrich lauschte gespannt. Er hörte gerne zu und fand alles, was seine Mutter ihm sagte, herausragend. Spannender als jede Geschichte. Und war er gerade einmal nicht bockig, was so gut wie nie vorkam, versuchte er nicht nur zu verstehen, sondern trug das Erzählte, sobald es möglich war, in die Welt. So auch diesmal. Kaum war die Ansprache, die kleine Welterklärungsepisode beendet, fing Heinrich an zu grüßen. Zunächst einen Fahrradfahrer, der sich auf dem schmalen Weg vorbeischob und verwundert über das herzliche »Hallo« beinahe ins Straucheln geriet. Die vorbeirasenden Menschen, die am Wegesrand standen, wurden begrüßt. Erst an einer Ampel kamen die ersten herzlichen Gegenworte von einer alten Dame mit Krückstock. Einen ganz wohlerzogenen und lieben Jungen habe sie da. Anna schmunzelte und als einige dutzend Grüße von Heinrich in die Welt gesaust waren und nur wenige herzliche Antworten zurückwehten, erklärte Anna ihm, warum so viele schwiegen (schweigen) und warum man nicht alle grüßen könne und wieso man nicht alles sagen könne. Heinrich bemühte sich um Verständnis, aber es stimmte ihn stutzig, dass so viel geschwiegen wurde.

Anna konnte ihm nicht begreiflich machen, wieso auf Herzlichkeit Unherzlichkeit folgte. Das sei eine dieser Sachen, die er erst begreifen könne, wenn er groß sei, versuchte sie ihn zu beschwichtigen. Heinrich unterließ seine sonst meist bohrenden Fragen, sein Nachstochern bis man ihm erklärte, was los ist (war). Er hatte gemerkt, dass es für Anna eine schmerzvolle Angelegenheit sein musste, denn in ihrer Beschwichtigung klang ein stilles Zittern. Heinrich meinte darauf bald schon selbst eine Antwort finden zu können. Ohnehin bemühte er sich seit einiger Zeit seine Fragen, seine Probleme, seine Widersprüche (Wiedersprüche) selbst aufzulösen. Natürlich fragte er viel nach. Aber wo er früher erst fragte und bohrte, dachte er nun erst einmal nach und stieß wundersamer Weise meist zügig auf eine passende Antwort. Manchmal wurde es ihm sogar etwas unheimlich, denn die Antworten kamen teilweise von selbst. Klar schien nur, dass jede Frage auch eine Antwort hatte. Früher oder später, glaubte Heinrich, würde sich immer eine Antwort finden lassen. Vielleicht erst, wenn er groß sein würde, aber womöglich schon früher. Es gab ja auch einige große Menschen um ihn herum, die hilfsbereit und herzlich waren.

Heinrich blickte auf und sah von Weitem schon den Hauseingang des grauen Blocks. Die Räder wurden langsamer. Es sah so aus, als würden die Speichen sich rückwärts drehen. Dennoch fuhren sie weiter vorwärts. Er tastete sich mit seinem Fuß Richtung Speichen, aber der durchsichtige Plastikschutz war im Weg, um das Rad wieder in die richtige Richtung drehen zu können. Heinrich ließ ab davon, denn sie rollten ja weiter. Doch kurz vor der Tür überkam ihn ein Impuls. Er streckte sich ganz lang und hörte ein Knacksen, sah sein verbogenes Fußgelenk und begann laut zu schreien, bevor der ziehende, drahtige Schmerz ihn erreichte. Das Fahrrad kippte auf die linke Seite und beide fielen zu Boden. Wenige Schritte vor dem Hauseingang. Geschockt und in ängstlicher Aufregung eilte Anna zu ihm. Heinrich war ein einziger Schrei. Sie nahm ihn und versuchte ihn und sich mit tröstenden Worten zu beruhigen. Sie ging raschen Schrittes los. Heinrichs Blick war verschwommen und er sah, wie sich der graue Block um die dunklen weißen Wolken drehte.

Nochmal sah er, wie die Speichen sein Füßchen hineindrehten wie ein Staubsauger. Nochmal spürte er den Schmerz, der zunächst an ihm vorbeigelaufen war. Er schrie und plärrte. Der Arzt, die Ambulanz war nicht weit weg und sie würde auch geöffnet haben. Und auch der Arzt sollte nicht ausgeflogen sein. Mit beruhigendem und sachlichem Blick schaute er sich Heinrichs neue Blessur an. Halb so schlimm sei es. (Alles halb so schlimm) Heinrich sah das anders. Natürlich war es schlimm. Sehr sogar. Er brauche keinen Gips und es heile sehr schnell. Aber sicher brauche ich einen Gips und das lange Zeit, dachte Heinrich argwöhnisch. Der Arzt salbte das Fußgelenk und bandagierte es. Er solle sich nicht so viel bewegen, den Fuß nicht allzu sehr belasten. Anna war immer noch ein wenig schockiert, trotzdem diese Diagnose angenehmer war, als manch andere.

Sie musste an früher denken, als sie so erschüttert wurde durch die Worte des Arztes. Und als wäre die Kopfwunde vor einiger Zeit nicht genug gewesen, traf es nun den Fuß. Mein armer Heinrich, mein lieber Junge, dachte sie in sich hineinseufzend. Die schönen Spaziergänge könnte er erst einmal nicht mitmachen. Höchstens auf den Schultern von Jochen. Dieses herrliche Laubrascheln, das Lauschen der Vögel. Es war eine Pracht die majestätischen Bäume zu bestaunen, wie sie kunterbunt herumstanden. Die ganze Farbpalette ausnutzend flogen die Blätter, die gelben wie die roten, die grünen wie die blauen, umher. Und viele Tiere konnte man sehen, wenn man leise war. Ein Reh hatten sie letztes Wochenende gesehen, wie es verschreckt davonhoppelte. Und glibschige (glitschige) Regenwürmer. Und Millionen von Ameisen. Einen riesigen Haufen hatten sie sich gebaut. Von draußen war nicht zu erkennen, wie das Leben drinnen war. Heinrich dachte an ganz kleine Schippchen und Förmchen, mit denen die kleinen Kinderameisen wohl spielten. Es gefiel ihm aber ganz und gar nicht, als sich eine Ameise in seiner Hose verirrt hatte und ihm ein Brennen bescherte, welches fast so schlimm wie eine heiße Herdplatte war. Rehe waren ihm lieber. Sie waren selten und scheu, und graziös und schlau.

Und sie riefen kein unangenehmes Brennen, sondern Erstaunen hervor. Einmal waren sie mit Jochen auf einen Hochsitz geklettert und hatten mit einem Fernglas ein paar Rehe und auch ein großes Schwein von Weitem ganz nahe gesehen. Heinrich konnte sich sehr für Tiere begeistern. Mehr als für Pflanzen, die ihm fast alle gleich erschienen. Die Unterscheidung von Bäumen, Sträuchern und Blumen gelang mühelos, aber es wollte ihm nicht einleuchten, dass alle Bäume mit den gleichen Blättern denselben Namen hatten. Das war unlogisch. So als ob alle Jungs mit gelocktem Haar Heinrich heißen sollten. Das ergab keinen Sinn. Und was für Heinrich keinen Sinn machte, kam in die Schublade zum »Länger-darüber-nachdenken«. Und wenn sich keine Lösung finden ließ, in die Schublade »Das-verstehst-du-wenn-du-größer-bist«.

Das Wasser hingegen war sinnvoll, befand Heinrich. Er hatte viel Respekt vor Wasser. Zwar liebte er es in der Badewanne zu plantschen, aber bei einem Spaziergang lernte er mit fühlenden Augen, wie mächtig das Wasser ist. Es ging entlang eines immer schmaler werdenden Pfades, der etwas modrig und glitschig war. Und wo es sonst die schützende Hand der Mutter gab, mussten sie nun alle hintereinanderlaufen. Auf der einen Seite Bäume und dicht gewachsene Sträucher, auf der anderen der tosende Fluss. Heinrich sah für dieses Risiko keinen Sinn, noch einen Zweck. Mit jedem Schritt fühlte er sich abrutschend. Hinein in den mitreißenden Strom. Er wimmerte innerlich, denn er wollte tapfer sein. Irgendwann wäre dieser Pfad vorbei und breitere Wege, sichereres Gelände und ein abschwellender Fluss wären zu erwarten. Aber die Angst zog den Weg in die Länge, so dass jeder Schritt ein ungewolltes Ausreizen der Langsamkeit war, so dass der Weg immer dünner, schmaler, enger wurde, bis er nicht mehr zu sehen war. Alle in der Reihe laufend war der einzige Weg, an dem sich Heinrich noch orientieren konnte. Seine Augen sprangen hin und her. Die Gefahr Wasser anblickend, die Mutter suchend. Letztlich mussten sie es geschafft haben, nur mit welchen Mitteln, mit welchen Kniffen, mit welchem Mut blieb Heinrich verborgen. Klar war nur gewesen, dass dieser Weg nicht mehr gangbar, zu gefährlich, zu aufreibend war und ein sichereres Fundament zu suchen sein würde, auf dem Heinrich die Hand seiner Mutter würde erreichen können.

Das Händereichen und Händehalten und Händedrücken waren wichtige Dinge. Auch bei Ausflügen mit den Füchsen musste jeder an die Hand des anderen. Heinrich war nicht an die Hand der Gazelle geraten. Zunächst war er etwas betrübt darüber. Dann aber stellte er fest, dass ein zwangloses, intimes, nicht aus Sicherheitszwängen erwachsenes Handfühlen viel schöner sei. Sie waren schon auf dem Rückweg und die verkettete Schlange blieb vor dem verschlossenen Tor stehen. Umgeben von Kichererbsensträuchern. Und da vieles was Spaß machte verboten war, durfte auch nicht geknallt werden. Der Reiz war zu groß und das Torschloss klemmte, so dass es unumgänglich war. Die ersten Knaller ertönten. Manche nahmen eine Hand voll, um mit einem Tritt Knall- und Matschgeräusche zu erzeugen. Heinrich nahm die Knallerbsen, die so unschuldsmimend weiß und doch fast platzend reif waren und warf sie mit Wucht auf die grauen Gehwegplatten. Die züchtigenden Rufe der Füchse erreichten die Ohren nicht. Es waren nicht die Knaller, die sie übertönten, sondern die hoffnungstaumelnde Freude, das freidrehende Moment. Denn alle wussten, dass es nicht genug Ecken geben würde, dass der Nachtisch schon verzehrt und überhaupt die Füchse (eigentlich) machtlos waren, würden alle mitmachen. Und fast alle knallten. Leise und matschig, aber laut und scheppernd in den Ohren der Füchse. Das Tor schloss und öffnete sich. Sofort verstummten alle und verketteten sich an den Händen, um durch das Tor zu schlängeln. Die hochroten Köpfe bildeten den Spalier für die Schlange.

Heute musste ein schöner Tag werden, von denen alle Kinder freudig erzählen sollten. Und so wurde nicht gefragt, ob ein runder Ball in der Ecke des Fernsehers sei, um herauszufinden, wessen Eltern verboten Westfernsehen schauten.

Auch Heinrich und Mika mussten heute nicht, draußen unter der Dachrinne, mit dem Gesicht zur Wand stehen. Sie hätten darüber zu Hause nicht schlecht berichtet, denn sie spielten immer wer die meisten Kieselsteine in die Dachrinne würde werfen können. Und ohnehin wäre es eine Routine gewesen und eher eine Form der Belobigung, denn so konnten sie dem Kriegstreiben oftmals entfliehen.

Heute aber stand die Hochzeit, das Paar und auch so etwas wie Liebe im Mittelpunkt. Heute galt es die Richtige zu finden. Und als Heinrich das erfuhr und er zu suchen begann, bemerkte er plötzlich seine Faszination für Mädchen. Und er sah, wie viele schöne Wesen auf einmal da waren. Er hatte jetzt nicht die Zeit nachzudenken. Zu eingenommen war er von dieser neuen, fundamentalen Weltsicht. Einige waren zu dick, einige waren ihm negativ in Erinnerung. Andere zu brav und zu gewöhnlich. Manche einfach hässlich. Und da stand sie. Zart, verlegen und mit großen Augen. Sie war hübsch. Hatte im Unterschied zu allen anderen kurze Haare. Er befand sie für die Schönste und ging mit herzlichem Lächeln auf sie zu und fragte: »Willst du mich heiraten?«. Sie antwortete ohne groß nachzudenken: »Ja, okay, warum nicht?«. Dann standen sie voreinander. Sie wussten, sie würden sich nach dem öffentlichen Hochzeitsversprechen küssen. Sie bemerkte, was Heinrich für ein toller Fang war. Und Heinrich merkte, was für eine katastrophale Entscheidung er gerade getroffen hatte. Wie konnte das nur passieren, fragte er sich. Wie konnte er die liebliche Gazelle vergessen? Er schaute sich um und sah sie nahe des Turnbeutelregals. Sie schauten sich an. Sie war enttäuscht und mit zerknittertem Gemüt ging sie hinaus. Heinrich lief ihr hinterher. Es tue ihm leid, er wisse auch nicht, er wolle nur sie und was er nur tun könne? Sie musterte ihn und vergebungsvollen Blickes wandte sie sich dem unansehnlichsten Jungen im ganzen Kindergarten zu und fragte ihn, ob er sie heiraten wolle. Heinrich knackste es im Gemüt und er musste zusehen, wie der dicke Junge vor Freude fast platzte. Heinrich versuchte mit der Gazellenschönheit zu reden, aber sie gab ihm zu verstehen, dass er da jetzt durch müsse; dass alle jetzt damit leben müssten. Heinrich kehrte zur verdattert dreinschauenden Kurzhaarigen zurück. Leicht beschämt und wortlos ging er mit ihr zum Traualtar. Die Frage, ob er sie zur Frau nehmen wolle, prasselte ihm entgegen. Und als hätte er hundert Kaugummis im Mund antwortete er einen Geräuschsalat, der sich mit viel Gedankenkraft wie ein »Ja, ich will« anhörte. Ihr »Ja, ich will« war klar wie Kloßbrühe. Und es kam der Moment des Kusses. Vielmehr der Versuch, denn Heinrich ließ sich wie ein Besen zurückfallen und krabbelte davon. Lacher flogen wie kleine Speerspitzen durch den Raum. Die Gazelle beschwor derweil den dicklichen Freudenkloß, dass ein Kuss nicht in Frage komme. Sie sei religiös erzogen und daher sei das mit ihrem Gewissen nicht vereinbar. Die Kurzhaarige saß enttäuscht und niedergeschlagen auf dem Stuhl, als die Gazelle mit ihrem klaren »Ja, ich will« einwilligte, um kurz darauf ihre Finger zu entkreuzen.

Heinrich stand währenddessen draußen alleine vor der Tür, denn er konnte nicht ansehen, wie dieses wunderschöne und liebenswerte Mädchen, wegen seiner Dummheit, den dicken Schwabbel heiraten und küssen würde. Als er sich vorstellte, wie sie die fettige Bratpfanne küssen würde, kamen ihm die Tränen. Die ersten Tränen des Liebesschmerzes. Da stand sie auf einmal in der Tür und gab ihm zu verstehen, dass es keinen Grund zum Weinen gäbe. Ihr erster richtiger Kuss gehöre ihm. Heinrich war hin und hergeschaukelt. Erst die völlig falsche Entscheidung, dann versucht die Sache rückgängig zu machen, dann schmerzvolle Annahme der Dummheit, bittere Tränen der Traurigkeit und nun schoben sich ihre gespitzten Münder mit geschlossenen Augen aneinander vorbei. Sie öffneten ihre Augen und lachten. Sie nahm seine Hände und legte sie behutsam zu beiden Seiten ihres Gesichts; fuhr daraufhin mit ihren Händen an seine Wangen und fühlte, wie das lockige Haar ihre Fingerspitzen kribbeln ließ. Langsam zogen sie sich zueinander und die heiß glühenden Münder küssten sich, küssten ihre Seelen und wärmten ihre Körper von innen. Beide waren wie in warmen Dampf gehüllt und mochten ihre Augen nicht mehr, nie wieder auf(zu)machen. So langsam und zart sich die Lippen berührt hatten, so ruhig und lautlos schoben sie sich voneinander weg. Mit geschlossenen Augen standen sie voreinander und schmeckten den anderen, rochen verzückt den Atem der Seelen, der in sie getaucht war. Und erst als der Wind die Tür zuschlug, rissen sie ihre Augen auf und lächelten sich an, wie sich nur Verliebte anlächeln können. Ganz demütig nahmen sie sich bei der Hand und gingen hinein, wo sofort (und ohne Rechtsakt) zwei Scheidungen (Trennungen) vollstreckt wurden. Der Trauerkloß und die Kloßbrühklare saßen schon Hand in Hand und so gab es kein Aufsehen, wo doch ohnehin alle mit ihren Entscheidungen zu kämpfen hatten. Zum Guten, wie zum Schlechten. Zur Liebe, wie zum Zwist.

Heinrich hatte Glück, denn ihm war es gelungen das Blatt zu wenden, wo schon alles hoffnungslos schien. Beide saßen wie pumpende Maikäfer in der Kuschelecke. Nicht um zu kuscheln. Sie waren beide voller Euphorie und hielten die Augen geschlossen, den Lärm ausblendend, der Zärtlichkeit nachsinnend. Einzig ihre Hände fassten einander. Heinrich fühlte Dankbarkeit und merkte, wie die Distanz, die er seit seiner verwehten Mütze empfand, verschwand. Es gab also eine Kraft, die größer war als die des Windes und des Wassers. Die liebliche Seele eines Mädchens, die erfüllende Liebe eines einzigartigen Augenblicks. Jetzt merkte er, was es gewesen war, was durchzubrechen begann, als er die Gazelle erstmals bewusst wahrgenommen hatte. Es war wohl das, was die Großen Liebe nannten. Für ihn war es schlicht das schöne Glück eines lieblichen Mädchens. Etwas, was man nicht berühren und nur mit geschlossenen Augen sehen konnte (kann). Heinrich fragte sich seit einiger Zeit, wie man Worte wohl schreiben würde und wie man sich diese Millionen und Abermillionen von Wörtern jemals merken können würde. Nur diesmal war (es) ihm sofort klar. Für diesen Moment, für dieses Gefühl würde es kein Wort geben. Vielleicht ist es so wie mit den Baumnamen. Ein Name für alle, obwohl sie ja alle unterschiedlich waren (sind). Ein Wort; Liebe für alle diese blinden Augenblicke, obwohl es alle unterschiedliche waren (sind). Er wollte mit ihr darüber reden, aber er konnte weder seine Augen öffnen, noch den Mund bewegen. Kein Ton außer das sachte Atmen kam ihm über seine Lippen. Es sollte nicht geredet werden. Es war nicht die Zeit zum Reden, dachte er.

Er versuchte sich zu beruhigen und ging hinaus. Spürte die frische Luft, den tobenden Wind und den kalten Asphalt. Er rannte und war erschrocken, als er bemerkte, dass seine Augen noch immer geschlossen waren. Er riss sie auf. Das Licht blendete ihn. Die Beine verknoteten sich. Und er fiel nach vorne wie ein Besen und schrammte mit dem Kinn auf den harten Asphalt. Er rappelte sich hoch und bemerkte, dass es tropfte. Aber es war kein Regen, sondern das Blut vom aufgeschrammten, zerschürften Kinn. Eine weitere Narbe (wuchs). Er ging hinein und die Gazelle sah ihn sofort, stürmte auf ihn zu und umarmte ihn. Die Joghurtfrau war bemüht konsequent zu bleiben und versuchte verständnisvoll und gefühlsreich zu Heinrich zu sein. Sie nahm in also mit ins Bad, um ihn zu beschimpfen. Es setzte eine Ohrfeige, an die sich Heinrich nie erinnern würde. Sie reinigte lieblos und grob die Wunde und klebte ein Pflaster auf (über die Wunde). Heinrich dachte zunächst, sie würde ihre tausendfach geäußerte Ankündigung wahr machen und es ihm endlich auf den Mund kleben. Darüber war er schon immer neugierig gewesen; ob er, der meist durch den Mund atmete, genug Luft durch die Nase würde kriegen können. Aber sie behielt ihm des Rätsels Lösung vor und verarztete ihn nach Dienstvorschrift. Sogar ein gequältes Lächeln rang sie sich ab.

Heinrich ging zurück in die Kuschelecke und ließ sich von der Gazelle trösten. Hand in Hand. Dieses Bild würde die letzten Wochen seiner Kindergartenzeit prägen. Sie bestärkten, stützten und liebten sich mit der Kraft ihrer Seelen. Und Heinrich bemühte sich - so oft es ging -

die Ecke, das Unter-der-Dachrinne-stehen oder sonstige Strafen so gering wie möglich zu halten. Ihr zuliebe. So wurden es weniger Kreuze neben seinem Namen und in der (Abschluss) Beurteilung konnte vermerkt werden, dass dieser schwer erziehbare Junge kleine Zeichen von Einsicht und Besserung zeige. Sicher sah es in Heinrichs Kopf nicht mehr so aus wie zu Beginn seiner Kindergartenzeit, oder zur Mitte, aber die protokollierten Einsichten waren sicher ganz andere, als die in seinem Kopf. Und auch von verminderter Intelligenz konnte nicht zu sprechen sein; bei Heinrich, einem Jungen der mit fünf Jahren schon das Bewusstsein eines zehnjährigen (fünfzehnjährigen) hatte. Der schon bis Hundert zählen konnte, denn oft genug musste er alleine in der Ecke stehen und sich die Zeit vertreiben. Ein Junge der Flügel an sein Bewusstsein gebastelt hatte, indem er Fragen nachgegangen war, und Liebe und Zärtlichkeit erfahren durfte. Heinrich war alles andere als dumm, auch wenn es manchem Arzt bei Einsicht der Krankenakte so erscheinen mochte.

Bei seiner letzten Aufgabe für den Kindergarten war zu lernen, wie man einen Knoten machte. Zuhause sollten die Kinder üben, um letztlich ihre Schuhe selbst zubinden zu können. Heinrich saß zu Hause in der Wohnstube vor der großen Schrankwand (Anbauwand) und übte, einen Wollfaden um eine Holzleiste zu befestigen. Er fand verschiedene Variationen (Varianten, Möglichkeiten) und stieß auf drei Seemannsknoten, die sich verwenden ließen. Heinrich mochte alte Männer mit grauen Bärten, die wie Seemänner aussahen. Er mochte das Meer. Das endlose Rauschen. Oft hatte er das Gefühl am Meer zu sein. Rauschen und Wind waren ihm sehr vertraut. Er knobelte und knotete, nur dieser einfachste aller Knoten wollte nicht gelingen. Wie er es auch anstellte, er löste sich, das Holzstück fiel heraus. Erst nach Stunden und mit der Hilfe von Vater und Schwester gelang es. Heinrich brauchte länger als andere, aber am Ende kam meist bedeutend mehr heraus. Und morgen würde er nicht nur zeigen können, dass er seine

Schuhe selbst binden kann, sondern auch in der Lage war, aus einem großen Strick ein Lasso zu machen und eine galgenähnliche Schlaufe, die sich lösen würde. (Alle Kinder würden staunen.)

VI

Doch jetzt war Schlafenszeit. Die Zähne waren schon geputzt und so kletterte Sabine das Doppelstockbett hoch. Heinrich kuschelte sich in seine flauschige Decke und beide warteten gespannt auf die Gutenachtgeschichte. Immer im Wechsel kamen Jochen oder Anna und begleiteten die Kinder ins Traumland. Heute war Anna an der Reihe. Sie stieg auf die zweite Sprosse der Leiter und mit wechselnden Blicken zu den Kindern begann sie zu singen. »Schlaf, Kindlein, schlaf! Dein Vater hüt' die Schaf, die Mutter schüttelt's Bäumelein, da fällt herab ein Träumelein. Schlaf, Kindlein, schlaf!«. Sofort fielen die Augen der Kleinen zu und so lauschten beide aufmerksam dem Gesang. Strophe für Strophe wurden sie ruhiger. Anna stieg langsam und mit einem leisen Knartschen von der Leiter und mit sanfter, weicher und leiser werdender Stimme tanzten die letzten Zeilen über ihre Lippen. »Schlaf, Kindlein, schlaf. Da draußen geht ein Schaf; ein Schaf und eine bunte Kuh, mein Kindlein mach die Augen zu. Schlaf, Kindlein, schlaf.«. Eine warme Stimmung umgab den Raum und Anna tapste auf leisen Sohlen hinaus. Und behutsam schloss sie die pappähnliche Pressholztür und ließ die schwarze Hartplastikklinke langsam nach oben. Und wo sonst nach dem zu Bett bringen das Holzklopfenspiel folgte, war es jetzt sonderbar ruhig. Hätte Heinrich sonst normalerweise versucht mit unregelmäßigem Klopfen am Doppelstockbett seine Schwester am Einschlafen zu hindern und sogar die Weißglut zum Kochen gebracht; so lag diesmal der Mantel der Ruhe über diesem Abend, über dieser Nacht. Es würde zu keinem Geplärre kommen, dass sie nicht müde seien und nicht schlafen könnten. Sabine würde nicht wutentbrannt hinausrennen und um Gerechtigkeit bitten. Statt Kapriolen zu schlagen, drehte sich Heinrich im Geiste und war wie Yuri Gagarin in der Schwerelosigkeit. Er drehte sich mehrfach um sich selbst. Und ihm wurde nicht schlecht dabei. Ganz im Gegenteil begann die Euphorie in ihm zu tanzen. Ein ganz einmaliges Gefühl. Und so schwebte er im freien Raum, auf der Erde und um sie herum.

Er schwoff an den Sternen entlang und sah, wie aus ihnen kleine Lämmerlein wurden, die hinter ihm herstaksten. Mit leisen, quickig-quietschenden Geräuschen, die man im luftleeren Raum nicht hören konnte. Er sah einen großen, weißen Teller, der blitzeblank strahlte und zu einem Schäferlein wurde, der mit Laterne und Wanderstock und herzlichem Lächeln auf ihn wartete. Behütenden Blickes schaute er hinter sich und zu seiner Überraschung waren alle Lämmerlein verschwunden. Er sah nur seinen (eigenen) Rücken und einen (seinen) Puschelschwanz aus weißer Wolle. Und als er gerade in Aufregung zu geraten drohte, wandte er seinen Blick nach vorne. Da waren die Lämmerlein, die hurtig davonliefen. Er suchte Anschluss, aber so sehr er sich auch bemühte, konnte er die Distanz nicht verringern. Erst als sie beim Schäferlein waren, versuchte er langsam näher zu kommen. Doch die Lämmerlein hüpften eines nach dem anderen in den langen, grauen Bart des Schäferleins. Er war verwundert und schaute auf seine Füße und musste feststellen, dass er zwei Schäfchenfüße und zwei hunde- oder fuchsähnliche Pfoten hatte. Er blickte hinauf und da war auch der Schäfer verschwunden. Er alleine auf dem Mond, dachte er, als eine komische (kosmische) Gestalt auf ihn zukam. Sie hatte blonde Haare, eine rote Fliege und einen grünen Anzug. Er schien ihm, wie von einem anderen Stern. Das kleine Männlein redete, aber es war nicht zu hören. Nur die Lippenbewegungen konnten ihm Aufschluss geben. Er kannte so viele Worte nicht oder konnte sie durch bloße Mundbewegung nicht erkennen. Er schaute mit konzentriertem Blick und vernahm Worte wie »die Erwachsenen, Zahlen, Freund, Fuchs, zähmen« und ganz oft das Wort »Liebe«. Heinrich rief: »Sprich doch bitte lauter, ich verstehe (dich) nicht. Bitte sprich lauter zu mir, du kleiner Mann.«.

Und plötzlich war er klar und deutlich zu verstehen. »Guten Morgen! Es ist Zeit aufzustehen. Heute ist ein großer Tag« klang die väterliche Stimme. Heinrich schob verknirscht und etwas betrübt den Mond verlassen zu müssen, die Augen auf. Er stieg aus seinem Bett und ging ins Bad. Und nachdem er gepullert hatte, klatschte er sich kaltes Wasser ins Gesicht. Brrrrr. Am liebsten wäre er wieder ins Bett geklettert und hätte den Worten des kleinen Mannes gelauscht. Er hätte zu enträtseln versucht, was er ihm hatte sagen wollen. Aber er wusste, dass dieser Sonnabend wichtig war. Und es würde einige tolle Überraschungen geben und viele Süßigkeiten.

Doch zunächst wurde gefrühstückt. Der Tisch war schon gedeckt, die Eier waren gekocht, die Toasts getoastet und der kleine Teller für den Abfall (Müll) war auch da. Dieser Teller war eine wichtige Sache und durfte, wenn die Kinder zur Überraschung der Eltern den Tisch deckten, nicht vergessen werden. Und nachdem Sabine und Heinrich ihre Betten in ihren Zimmern ordentlich gemacht hatten, saßen sie gemeinsam am Frühstückstisch. Ordnung ist das halbe Leben, war ein oft zu hörender Satz des Vaters. Heinrich widerstrebte dieser Satz, denn er fand, dass das Leben eher eine große, chaotische Unordnung war, die der ordentlichste Mensch der Welt nicht würde sortieren können.

Klar war aber, dass die abgesplitterte Eierschale beim Köpfen (des Eies) auf den dafür vorgesehenen Teller gehörte. Heinrich köpfte nicht. Er schlug sich das Ei längs, kraftvoll und impulsiv gegen die Stirn. Die Aufmerksamkeit war ihm damit sicher, denn Heinrich und sein Kopf, das war ein sensibles (und) zerbrechliches Gespann. Er grinste schelmisch und pellte sein Ei. Und als er es gerade mit Salz verfeinerte, fragte Jochen ihn, ob er sich denn schon auf die Schule freue. Heinrich nickte mampfend. Nicht, dass er nicht mit vollem Mund hätte sprechen dürfen, vielmehr genoss er die Ruhe und die Aufmerksamkeit. Seine Schwester hingegen war schon leicht bockig, konnte sich aber zurückhalten. Überdies verstand sie, dass es ein besonderer

Tag sein würde, denn Einschulung würde man nur einmal haben. Anna genoss den warmen Kaffee, der einen schönen Nebel über den Essenstisch zauberte. Und sie bemerkte auch, wie Sabine sich bemühte nicht um Aufmerksamkeit zu buhlen.

Alle Herzen richteten sich auf Heinrich. Und so standen sie nach dem Essen um ihn herum. Anna eilte ins Schlafzimmer und kam mit einer großen, blauen Zuckertüte zurück und überreichte sie dem kleinen Heinrich. Er strahlte über das ganze Gesicht und öffnete das verknotete, dunkelblaue Netz und fand dahinter einen hellblauen Teddybären. Mit gesteigerter Freude drückte er ihn an sich und begrüßte ihn mit einem leisen »Hallo, mein guter, neuer Freund«. Und bevor Sabine puderrot werden konnte, besänftigte Jochen den (kleinen) Anflug von Neid mit einer (kleinen) Zuckertüte. Sie war nicht so groß wie Heinrichs, aber zumindest fühlte sie sich nicht vergessen und durchforstete die Süßigkeiten. Jochen und Anna beobachteten mit neugierigen und fröhlichen Blicken ihre Kinder und erschraken fast ein wenig, als es klingelte.

Sie wussten, es waren die Nachbarn aus dem fünften Stock, mit denen sie gemeinsam zur Einschulung gehen würden. Mit langsamen, den Moment auskostenden Schritten ging Anna zur Tür und bat um ein paar Minuten Geduld. In Windeseile zogen sie Heinrich die Schühchen an und schnürten die Schnürsenkel, so dass sie schnell loskommen konnten. Vor der Eingangstür des Aufgangs stellte man Heinrich neben Silke, um ein Foto zu machen. Beide waren stolz wie Bolle und zogen ihre übergroßen (überlebensgroßen) Zuckertüten mit ihren zierlichen Fingern ganz fest an sich.

In der Schule gab es dann weitere Fototermine. Zunächst in Klassen, wo sich alle erstmalig beschnuppern konnten. Niemandem der Kleinen war klar, wie wichtig diese Einteilung, dieses erste Kennenlernen sein würde. Alle waren so angespannt und nervös, dass überhaupt wenig Platz für Gedanken war. Heinrich beobachtete, dass es viele schöne Mädchen gab. Und er hatte auch das Glück beim Klassenfoto

46

neben einem hübschen Mädchen mit langen, blonden Haaren stehen zu können. Der Fotograph war wenig erfreut, denn Heinrich konnte seine Augen nicht von ihr lassen. Mit offenem Mund schaute er sie an. Sie blickte kurz zu ihm, um dann stur und geschmeichelt nach vorne zu schauen. Der Fotograph nahm ein fiependes, gelbes Entchen und sammelte die Augen der Kinder. Nur einen kümmerte das Fiepen nicht. Die blonden Haare, wie sie so hin und her tanzten, waren spannender. Nach mehrfachem Fiepen ging der Fotograph zu Heinrich. Er möge doch in die Kamera gucken. Nur ganz kurz. Heinrich nickte und schaute nach vorne. Schnell eilte er wieder hinter die Kamera, hielt die fiepend-quietschende Ente nach oben und sah, wie sich Heinrichs Gesicht wegdrehte. Nochmal ging er hinüber und packte wortlos Heinrichs Gesicht und drehte es nach vorne. »Da sollst du hingucken! Haben wir uns verstanden!?« tönte er ihn an. Heinrichs Gesicht wurde zum Fragezeichen. Schon wieder jemand mit dem er sich verstehen musste. Es blitzte und Heinrichs in Falten gelegtes Gesicht wurde im Seitenprofil in den Apparat gezogen. Heinrich konnte jetzt nicht länger darüber nachdenken, wie seine Erzieherin in den Körper eines Fotographens schlüpfen konnte, denn die Portraitfotos standen an.

Heinrich setzte sein debilstes, scheinbar lächelndes, aber durchaus mürrisches Gesicht auf. Er legte die Arme brav nach vorne und sacht übereinander. Die Fotographin meinte, sie hätte selten so ein schönes Lächeln gesehen. Vor allem die Schneidezähne hätten Charakter. Heinrich grinste breit mit seinen ein-einhalb Schneidezähnen, als die Fotographin meinte, er solle bitte den Mund schließen, das würde besser aussehen. Heinrich schloss kurz den Mund. Es blitzte. Erst bei der Eröffnungsrede, die auf dem Schulhof und mit viel Tamtam stattfand, kam Heinrich ins Grübeln. Der Schulleiter (Direktor) sprach gerade von Arbeitern, sozialistischem Aufbau, Zukunft und freier deutscher Jugend (FDJ). Und davon, dass jeder ein guter (Thälmann-) Pionier werden solle (sollte). Letztlich ginge es um uns alle und nicht um jeden Einzelnen. Heinrich störte sich daran, dass er seinen Mund schließen sollte, gerade wo seine Schneidezähne doch Charakter hatten.

Er erinnerte sich an den Zoobesuch, der ihm diesen Charakterzug verliehen hatte. Sie hatten die Eisbären und die Vögel schon gesehen und gingen in ein Gebäude, in dem allerlei Tiere ein neues Zuhause bekamen. Vielleicht war es nicht so geräumig wie am Nordpol und die Vögel konnten sicher nicht um die halbe Welt fliegen. Dennoch schienen sie (von außen gesehen) darüber nicht so unglücklich zu sein. Gut, ein Eisbär lief nur im Kreis herum. Runde um Runde. Aber immerhin bewegte er sich. Und die Vögel sangen. Und wo gesungen wird, da muss es ja auch lustig sein. Und wer Spaß haben konnte, dem muss es ja auch gut gehen, überlegte der kleine Heinrich. Und so kam er vor dem Affengehege zu stehen.

Es waren sehr viele Affen da. Einige lagen faul herum. Andere turnten umher. Einer ergatterte Heinrichs besondere Aufmerksamkeit, denn er hangelte sich leichtfüßig von Seil zu Seil. Und er ärgerte einen dicken Affen, der sich kaum noch bewegen konnte. Er sauste immer wieder knapp über seinen Kopf, woraufhin der Dicke mit einer müden, sehr verzögerten und äußerst langsamen Geste reagierte. Er hob den linken Arm und fuchtelte in Zeitlupe über seinem Kopf und vor seinem Gesicht herum, als wolle er eine Fliege vertreiben. Dann kratzte er sich mit dem Zeigefinger den Kopf und ließ den Arm so behäbig hinab, wie er ihn gehoben hatte. Überhaupt schien er nur noch den Arm bewegen zu können. Der Kopf blieb starr und stur, und der Körper reglos. Die anderen Affen schauten ab und an flüchtig und vorsichtig hinaus zum Dicken, der ganz unten in der Strohecke saß. Einige schienen zu schmunzeln. Die meisten wirkten ängstlich. Das ganze Szenario geriet plötzlich durcheinander, als es Essen gab.

Ein Pfleger brachte einen großen Kübel hinein und schüttete ihn auf dem Boden aus. Salat, Orangen und Bananen lagen im Matsch und sofort begannen die Affen sich daraufzustürzen.

Zuerst brachten zwei mittelgroße Affen dem Dicken ein paar Bananen. Heinrich wunderte sich, dass gerade der Dicke zuerst bekam; und dann noch die schönen gelben Bananen. Die anderen zankten sich und wurden etwas aggressiver zueinander. Wo sie vorher so gut miteinander auskamen, war nun eine kalte Stimmung. Heinrich schaute gespannt auf den Kletteraffen. Er saß alleine in der Ecke und aß einen Salatkopf. Sie waren vielleicht vier oder fünf Meter von Heinrich entfernt. Mit großen, staunenden Augen beobachtete er, wie die beiden Lakaien des Dicken zum Kletteraffen gingen. Sie bedrängten ihn und alle anderen gingen auf weiten Abstand. Der eine entriss ihm den Salatkopf, während der andere ihn in die Ecke drängte. Heinrich fühlte sich an seine Kindergartenecke erinnert, an die Sachen, die man ihm (hinterrücks) in den Rücken warf, nachdem sie Plumpser gespielt hatten.

Heinrich kletterte unter das schwarze Eisengeländer hindurch und eilte mit energischen Schritten auf die beiden Lakaienaffen und den Kletterfritzenaffen zu. Doch nach drei Schritten krachte er in die Panzerglasscheibe. Seine Zähne schlugen zuerst auf und fast die Hälfte des (linken) Schneidezahns flog von dannen. Nach den Zähnen schlug auch die Stirn gegen die harte, durchsichtige, aber bei genauerer Betrachtung eigentlich doch zu erkennende Panzerglasscheibe. Der Kopf Heinrichs spielte Scheibe. Er sah kleine, funkelnde Sternchen, sah, wie die weggerückten Affen dem Klettermaxe beistanden und wie die Lakaien und der Dicke in die Ecke mussten, um nachzudenken, über das, was falsch und richtig war (ist, war und ist). Erneut fiel Heinrich bewusstlos nach hinten und er hatte Glück im Unglück, denn er verfehlte die schwarze Eisenstange nur um wenige Zentimeter. Wäre er älter und schon wesentlich größer gewesen, hätte er diesen harten Schlag auch noch einstecken müssen. Es blieb aber bei der Charakterformung des Schneidezahns.

Eine Formung, die die Fotographin hätte ins Bild setzen sollen. Aber sie hatte vermutlich die Geschichte hinter diesem Zahn nicht gesehen. Sie kannte nur die Geschichte der gezogenen

Zähne. Gerade in ihrem Beruf würde sie schon hunderte solcher Sachen erlebt haben. Hätte Heinrich die Zeit gehabt ihr zu erklären, wie das alles passiert ist, vielleicht hätte sie verstanden, warum die fehlende Zahnhälfte hätte fotographiert werden müssen. Aber es war erstmal zu spät. Beim nächsten Fototermin würde er den Mund aufmachen, voller Stolz.

Jetzt stand er mit allen da und dachte an den Inhalt der Zuckertüte, an den lieben Teddy, der sich so flauschig anfühlte. Und als er gerade an die Süßigkeiten, an die Tafel Schokolade im Silberpapier dachte, hallte es in seine Ohren. »Meine lieben Kinder, das Leben ist kein Zuckerschlecken!« tönte es in die Gesichter der Kinder. Heinrich hatte nicht erwartet, dass es ein Fach geben würde, in dem man Zucker essen würde. Als er anfing sich vorzustellen, wie man lernt richtig Zucker zu schlecken und wie die Klasse strahlen würde, wenn es als Hausaufgabe Lollylutschen aufgeben würde, hallte es erneut. »Ihr seid in der Schule nicht zum Vergnügen, sondern um etwas zu lernen. Und es ist wichtig, dass ihr immer aufpasst und tut, was die Lehrer und ich euch sagen.« gab er mit ernster Stimme an. Er fügte abschließend hinzu, dass er wisse, dass es sich nicht so schön anhöre, aber wir würden ihm eines Tages noch sehr dankbar dafür sein. Heinrich kehrte sofort ins Zuckerland zurück, als der Applaus einsetzte.

VII

Ein Mädchen mit langen, blonden Haaren kam auf ihn zu. In der Hand hielt sie einen Korb und forderte Heinrich auf sich drei Sachen auszusuchen. Er schaute hinein und sah Süßigkeiten, die er noch nie gesehen hatte. Hunderte in Glitzerpapier eingeschlagene Leckereien blinzelten ihm entgegen. Eine schwierige Wahl. Wie sollte er sich entscheiden, wo er doch nicht wusste, was sich hinter dem Glitzer verbarg. Mit ratlosem Blick schaute er zu dem Mädchen. Sie lächelte regungslos.

Er griff tief in den Korb hinein und wollte eines der Bonbons vom Boden greifen. Aber es gab keinen Boden. Und so griff er so tief es ging und tauchte mit geschlossenen Augen in den Korb. Er fühlte ein flauschiges Glitzerpapier und packte zu, zog seinen Kopf hervor und öffnete die schwarz-samtig eingeschlagene Verpackung. Es sah aus wie Lakritze und ohne weiter nachzudenken, schob er es sich in den Mund. Ein eigenartiger Geschmack. Mit forschenden Augen blickte er zu dem Mädchen, deren Haare plötzlich grau und strutzig wurden. Und kaum war die Süßigkeit verzehrt, schnappte sich Heinrich ein gelbliches von ganz oben. Er öffnete es und schob es sich abermals in den Mund. Es war weich und hatte etwas von Vanillepudding und Gelee. Angenehmer als das Vorherige, befand er. Er sah, wie das Mädchen große Zähne bekam und auch an ihren Handflächen wuchsen graue Haare. Heinrich dachte sich nichts dabei und fasste in die Mitte des bodenlosen Korbs. Er hatte eine in rotes, stachliges Papier getütete Süßigkeit. Flugs aß er es, ohne daran zu denken, dass er es vorher besser auspacken sollte. Es schmeckte kantig und sehr, sehr süß. Er schaute wieder hinüber. Dorthin, wo das Mädchen hätte stehen sollen.

Die Sonne schob einen lauen Wind durch die Zuckergassen und verwirbelte Heinrichs hellbraunes Haar. Er hörte, wie Musik einsetzte. Von einem knackenden, plattenspielerartigen Geräusch begleitet, quietschten Geigen und dampfende Trommeln herum. Heinrich sah einen größer werdenden Schatten und erschrak, als er bemerkte, dass aus der hübschen Blonden ein sabbernder Wolf geworden war. Ruhig bleiben, dachte er. Er solle noch mehr Essen, sagte der Wolf mit kreidebenetzter Stimme. Heinrich ließ sich nicht zweimal bitten und aß. Eines nach dem anderen und selbst nach dem zwanzigsten gab es keines, was identisch schmeckte. Und auch wenn es ihn reizte weiter zu naschen, so sah sein Magen die Situation anders und bat Heinrich aufzuhören. Als er sich bedankte und gehen wollte, brüllte der Wolf laut auf. Auf keinen Fall könne er gehen, bevor er nicht alles gegessen habe.

Intuitiv rannte Heinrich weg. Niemals hätte er diesen bodenlosen Korb leeren können. Er merkte, wie sein Mund klebte und sein Gesicht sich vor lauter Süße verkrampfte. Erst hatte Heinrich das Gefühl, der Wolf würde ihn verfolgen, aber als er sich flüchtig umdrehte, stellte er fest, dass er schon ganz woanders war. Er stand vor einem riesigen Apfelbaum, der bestimmt hundertmal so hoch war wie er und dessen Früchte in den Wolken hingen. Sein Mund verklebte immer mehr und Heinrich ging um den Baum herum, in der Hoffnung einen Apfel zu finden. Nach einer Weile der Suche sah er einen riesigen, felsbrockengroßen Apfel. Mit weiten Schritten ging er auf ihn zu, als plötzlich ein kleiner, zierlicher Mann mit langem, türkisen Bart vor ihm stand. Heinrich wollte vorbeilaufen, aber als der schwarze Umhang, aus dem ein lächelndes, faltiges Gesicht hervorlugte, mit den Fingern schnipste, war Heinrich in einem Käfig gefangen. Verdutzt fragte Heinrich, ob er nicht ein kleines Stückchen von dem Apfel bekommen könne, denn ihm sei alles zu süß. Der Mann lächelte verständnisvoll und sagte: »Wenn du mir eine Frage richtig beantworten kannst, dann kannst du den ganzen Apfel haben!«. Heinrich wollte nur ein Stückchen, aber er spürte, dass er die Frage nicht würde umgehen können. Heinrich horchte und so begann der kleine Mann mit schelmischem Gesicht zu fragen: »Welches Wesen geht erst auf vier, dann auf zwei und dann auf drei Beinen?«. Heinrich musste nicht lange überlegen. Die Antwort war ihm schon vor der Frage, als der Mann das Schelmgesicht aufsetzte, klar. Und so antwortete Heinrich mit sicherer Stimme: »Ein armer, proletarischer Marienkäfer, der einen Autounfall hatte!«. Der kleine Mann wiederholte verdutzt die Antwort: »Ein armer, proletarischer Marienkäfer, der einen Autounfall hatte?«. Heinrich erwiderte: »Ja, erst krabbelt er auf allen Vieren. Dann verliert er seine zwei Hinterläufe und geht auf den Vorderbeinen. Und weil er ein armer, proletarischer Marienkäfer ist, kann er sich nur ein neues Hinterbein kaufen und muss auf drei Beinen fortkommen.«. Der kleine Mann war baff. Erst war er verärgert, denn die Antwort im Lösungsbogen war eine andere und er wollte ihn nicht passieren lassen. Dann aber war er zornig, schnippte mit den Fingern und verschwand. Der riesige Apfel rollte auf den Käfig zu und wurde wie ein Ei im Eierschneider zerstückelt, so dass Heinrich letztlich von kleinen Apfelstückchen umgeben war. Der Käfig hatte zudem unter der rollenden Wucht gelitten und bot zahlreiche Ausgänge. Doch bevor Heinrich hinauskonnte, flog ihm ein riesiger Eisenträger entgegen. Heinrich schrie laut mit schützenden Händen vor dem Gesicht: »Ahhhhh, Neeeeiiinn, Niicht!«.

Die Lehrerin schaute ihn verwundert an und fragte: »Gut Heinrich, wir haben fünf Äpfel und wir essen zwei davon auf. Und die Sybille hat gesagt, wir haben noch zwei übrig. Und du meinst, dass das nicht stimmt? Wie viel haben wir denn dann noch übrig?«. Heinrich war etwas durch den Wind, aber eine solche Aufgabe konnte er nun wirklich im Schlaf lösen. Und mit sicherer Stimme gab er zu verstehen, dass wir noch drei Äpfel übrig haben. Die Lehrerin nickte zufrieden und fügte hinzu: »Richtig Heinrich, wir haben noch drei Äpfel übrig. Aber das nächste Mal meldest du dich bitte, wie alle anderen auch.«. Zufrieden lehnte er sich etwas zurück und blieb dennoch mit den Augen gebannt beim Sammeln und Verzehren der Äpfel.

Er saß in der ersten Reihe und betrachtete die Lehrerin, die wie eine großgewachsene Elster aussah. Strenge dunkle Haare, die sich in einem langen Zopf verknoteten. Es müsse eine hohe Kunst sein, jeden Morgen nur nach Gefühl, so viele Knoten (in die Haare) zu flechten. Und es müssten Zauberknoten sein, also solche, die man leicht auflösen könnte, wenn man daran ziehen würde. Hingegen würde sie sich schnell die Perlenkette, die Ohrringe, die glitzernde Armbanduhr, das Handmedaillon, die Ringe an den Fingern und die Brosche an der grauen Bluse anlegen können. Heinrich versuchte die Ringe an den Händen zu zählen, aber die Zahl fünfzehn stimmte ihn stutzig. Sie konnte nicht drei Hände haben; aber es war auch schwierig in ständiger Bewegung zu zählen; zu erkennen, welchen Ring er schon gezählt hatte und welchen nicht und welchen möglicherweise und welchen möglicherweise nicht. Und ihm blieb auch unklar, wieso sie so viele Männer haben müsste, die ihr die Ringe und den ganzen Schmuck, wie es ihm schien, schenkten. Die Idee, sie könnte einige oder gar alle gestohlen haben, fand er nicht schlüssig.

Und er verwarf den Gedanken, als er von den schwarzen Hackschuhen, über die halbdurchsichtige Strumpfhose bis zum grauen Knierock schwelgte. Und um herauszubekommen, wie der Hintern (Popo) in diesen engen Rock passte und als er sich dazu leicht nach vorne beugte, fragte sie ihn, wie viele Birnen es seien. Heinrich wurde rot (im Gesicht) und bewahrte Ruhe. Sie konnte unmöglich Gedanken lesen, dachte er. Er folgte den Birnen, als sie die Birnen antippte. Er solle zur Tafel schauen, wies sie ihn zurecht. Heinrich war die Tafel nicht sehr wichtig und ohne zu schauen, sagte er: »Eine Birne. Es ist eine Birne übrig.«. Die Elster war erstaunt, denn im Kopf hatte sie sich schon eine Ermahnung überlegt, die sie nun in einen milden Ansatz eines Lächelns verwandelte. Sie verwarf die Überlegung, ob er Gedanken lesen könne und schloss konzentriert den Unterricht.

Die Schulklingel schellte und Heinrich wandte seine Augen von ihr ab und betrachtete seine Klassenkameraden, wie sie hinausströmten. Es war große Pause und an der Zeit dem blonden Mädchen Aufmerksamkeit zu Teil werden zu lassen. Er rannte hinaus auf den geteerten Schulhof und ging zu der Mädchenecke. Die Gummibänder und Seile flogen umher und eine nach der anderen hüpfte. Heinrich stellte sich etwas abseits, denn er war der einzige Junge, den die Mädchen zuließen und das wollte er sich nicht durch Übereifer zerstören. Seit dem ersten Tag an suchte er die Nähe zu den lieben Menschen und vermied die rüpelhaften Jungen, wo es nur ging. Die Blonde hüpfte und Heinrich sah, wie sie ihm ein Lächeln entgegenwarf. Es fühlte sich nett an. Aber was zu einfach war, war auch meist nicht von besonderem Reiz. Dennoch wollte er sein Bestmögliches geben, um seiner Zuneigung Ausdruck zu verleihen. Mit wild zerzausten Haaren kam sie auf ihn zu und erschreckte ihn mit dem Aufplustern ihres pausbackigen Gesichts. Heinrich blieb nach außen hin ruhig und doch stieg in ihm eine leichte Anspannung auf. Und als sie so vor ihm stand und ihn anlächelte, fasste Heinrich zärtlich ihr goldenes Haar und zog mit einem harten Ruck, so dass er einen kleinen Haarbüschel in der Hand hielt. Er lächelte sie verschmitzt an und sie begann zu plärren. Einige Mädchen kamen herbei und nahmen sie in Schutz, um Heinrich anschließend mit einem versteckten Lächeln und einer Gestik der Bewunderung wegzuschicken. Langsam ging Heinrich zu den Jungs und bevor er in Kämpelein geraten konnte, wie es meist nicht anders zu erwarten war, ertönte das Signal zum Pausenende.

Erneut strömte die Masse nach innen, so wie sie sich zuvor hinausgedrückt hatte. Heinrich war nicht wie üblich in den Strom eingetaucht, hatte sich diesmal nicht mitreißen lassen, denn in Gedanken war er bei den Birnen und den blonden, goldenen Haaren. So trottete er behäbig zum Klassenzimmer, wo ihn die Geschichtslehrerin abfing, um ihn mit einer Nachricht ins Sekretariat zu schicken. Es war nichts Schlimmes und so ging er munter zwei Stockwerke hinauf und durch einen langen Flur. Er klopfte an die Tür und trat ins Sekretariat.

Mit großen Augen schauten sie ihn an und fragten, was er wolle. Heinrich vergaß vor lauter Aufregung, was er sagen sollte, was er zu sagen hatte. So konnte er nur loswerden, dass er eine Nachricht überbringen sollte und sie vergessen hatte. Sie schickten ihn zurück. Nachdenklich ging er zurück. Nochmals erklärte die Geschichtslehrerin, die wie eine Bibliothekarin aussah, was er zu berichten habe. Mit schnellen Schritten ging er hinauf und zügig durch den Flur, um nach dem Öffnen der Tür abermals vergessen zu haben, was er loswerden musste. Mit hochrotem Kopf ging er zurück. Die geduldige Geschichtslehrerin erklärte sich mit ruhiger Stimme. Abermals ging Heinrich los. Immer und immer wieder wiederholte er den Gedanken: »Sie braucht die Bücher (doch) nicht. Sie kann die Geschichte auch ohne erzählen.«. Er konzentrierte sich ganz fest und öffnete langsam und ohne anzuklopfen die Tür des Sekretariats. Sie schauten ihn an und Heinrich spürte, dass sie bereits informiert waren. Dennoch fragten sie ihn, was er denn sagen soll. Heinrich war peinlich berührt und stotterte die Worte wie das Anlassgeräusch des Trabis hinüber: »Sie braucht die Bücher nicht. Sie kann die Geschichte auch so erzählen.«. Mit herabwürdigendem Grinsen schickten sie ihn hinaus. Heinrich war durchwühlt und schwor sich nicht nochmal Sachen zu vergessen, die ihm wichtig waren. Würde er sich etwas merken wollen oder müssen, würde er es sich hundertmal aufsagen, um nicht nochmal in eine so peinliche Lage zu geraten. Zurück in der Klasse konnte sich Heinrich kaum konzentrieren.

So sehr er versuchte seine Ohren zu spitzen, umso mehr verlor er sich in Gedanken. Er überlegte, wieso die Geschichtslehrerin Spinnweben und Staub auf den Haaren hatte? Er fragte sich, wieso sie ihn ausgewählt hatte? Heinrich fand sie sympathisch und interessierte sich für die Geschichten über Römer, die Latschen trugen und er wollte auch mehr über die Griechen erfahren, die lange, weiße und weise Bärte hatten. Heinrich haderte auch mit der Vorstellung, dass die Eingestaubte schon sehr, sehr lange leben müsse. Sie wusste so viele Details über das Leben vor so langer

Zeit und so schätzte Heinrich ihr Alter auf zirka zweitausend Jahre. Und er befand, dass sie sich für dieses Alter gut gehalten hatte. Und auch für ihren Mann würde es schwierig, denn wenn er sie küsste, würde viel Staub herunterrieseln; und er müsste oft niesen. Womöglich würde er eine Klammer nehmen, um das zu vermeiden, aber diese Wäscheklammern würden stören und den Kuss verhindern, wenn sie zu weit nach vorne ragte. Er könnte die Luft anhalten. Aber irgendwann würde er atmen müssen. Rätselhaft. Und als Heinrich grübelte, wie das vielleicht funktionieren könnte, weckte ihn der Satz seines Vaters auf.

Jochen fragte energetisch (energisch) in die Runde: »Und wie war es heute in der Schule?«. Sie hatten bereits einige Momente schweigend am Armbrotstisch (Abendbrotstisch) gesessen und es war klar, dass diese Frage kommen würde. Früher oder später, aber ganz sicher. Heinrich machte diese Frage immer etwas verlegen, konnte er sich doch nicht immer so genau erinnern. Manchmal warf er ganze Tage durcheinander und so ließ er seiner großen Schwester meist den Vortritt. Sie schien immer klar zu wissen, was passiert war und erzählte von blauen Halstüchern, von Anstecknadeln, die sie nie bekam. Selbst jetzt, wo ihre Segelohren angelegt worden waren.

Sabine betonte, dass sie eine gute Thälmann-Pionierin werden wolle. Vorbildlich, ordentlich und im Dienst für die große Sache. Jochen erwiderte wie so oft, wenn sie diesen Drang preisgab, dass das schön sei. Er und Anna aber auch so sehr stolz auf sie seien. Unmerklich versuchten sie ihr aufgeflammtes Bestreben, ein Hirsch in der freien deutschen Jugend (FDJ) zu werden, zu bremsen, was seit dem Ferienlager im Sommer entbrannt war. Dort hatte es Lagerfeuer und Pionierlieder und Gemeinschaft gegeben, wie Sabine sie noch nie erfahren hatte. Und nach den ganzen Hänseleien schien es ihr der Strohhalm der Freiheit zu sein, an dem es nun ausgiebig zu schlürfen galt.

Anna und Jochen wussten, wie sich dieses Gefühl der Gemeinschaft anfühlte. Wie unbeschwert und witzig die Grillabende des ganzen Aufgangs waren. Aber auch, wie leicht der Grillqualm zu Kopf steigen konnte. Es war in einer solchen Wolke aus biergeschwängerter Holzkohle gewesen, als Jochen seinen Chef nachäffte. Die Hacken ebenso militärisch geeicht wie er zusammenschlug und stotternd Befehle ausgab. Dieses Gefühl der Freiheit war über unsichtbare Ohren und Augen in Kreise gelangt, die jeder kannte und doch in mancher bierseligen (und grenzmündigen) Glückseligkeit vergaß. Gleich zu Beginn der nächsten Woche wurde er abgemahnt. Und ihm wurde deutlich gemacht, dass er seinen Meister als Schlosser endgültig vergessen könne. Die Abmahnung kümmerte Jochen weniger, denn es gab genug Arbeitsstellen, die ihn mit Kusshand genommen hätten. Nur das unüberwindbare Hindernis der beruflichen Selbstverwirklichung schmerzte ihn sehr. Gerade ihn, der von seinem Meister, bei dem er in der Lehre gewesen war, so vieles gelernt hatte. Nicht nur Technisches, nicht nur der Ratschlag nicht bei der Arbeit zu trinken, wie die anderen Kollegen, sondern über das Leben insgesamt. Über verschlossene Türen und wie man sie aufbekommt. Und über Türen, die man nicht sieht und wie man vermeidet dagegenzurennen. Jetzt war es aber dazu gekommen und es war schwer diese bittere Pille zu schlucken und zu verdauen. Doch noch viel wichtiger war es, die Kinder vor diesen bitteren Pillen zu schützen.

Und so schwenkten sie zu Heinrich über, der genug Zeit hatte, um zu überlegen, was passiert ist oder zumindest, was passiert sein könnte. Er spürte, dass ein Ausspruch, wie es sei gut gewesen, jetzt nicht reichen würde. Er wusste, dass sie heute Sport gehabt hatten, aber er konnte sich nur an die letzte Sportstunde erinnern, weil diese doch sehr herausragend gewesen war. Nachdem sie zwei Runden auf der rot-rostigen Schotterbahn gelaufen waren und sich im Kreis stehend gedehnt hatten, kam der Sportlehrer mit einem undurchsichtigen Sack auf die Jungs zu.

Er hatte etwas von einer Hyäne, die ein kleines Rehkitz mit sich trug. Einen leicht buckligen Gang, eine undefinierbare Haarform und ein verschroben freundliches Gesicht. Einer, der beim Ausziehen und Anziehen gerne behilflich war.

Den Jungs traute er mehr Selbstständigkeit zu, so dass er nur bei den Mädchen half. Alle sagten über ihn, er sei ein Netter. Heinrich hingegen fand ihn komisch und jene Sportstunde trug zu weiterem Misstrauen bei. Im Beutel befanden sich Granaten, die an alle Jungs verteilt wurden. Alle stellten sich in eine Reihe (Linie) und einer nach dem anderen warf. Einige witzelten darüber, aber Heinrich fand das gar nicht lustig. Was wäre, wenn sie plötzlich losginge, wenn unter die Attrappen eine echte geraten wäre. Alle hatten geworfen. Der eine enthusiastisch, der andere eher spröde. Heinrich ging immer wieder an das Ende der Schlange und versuchte sich unauffällig zu verhalten.

Eine Zeitlang klappte es, aber die Augen der Hyäne waren scharf und so holte er Heinrich zu sich. Und mit einfühlsamen Worten brüllte er: »Wirf! Los jetzt!«. Heinrich blieb regungslos und schaute ihn mit großen Rehaugen an. Jetzt versuchte er es behutsam; beugte sich nieder, legte seine Hand auf Heinrichs Schulter und sagte: »Hör mal mein kleiner Kamerad. Wenn du ein guter Thälmann-Pionier werden willst, dann musst du auch werfen. Du brauchst keine Angst haben, das sind doch nur Attrappen. Also los. Du schaffst das!«. Heinrich merkte, wie die Lächerlichkeit der Jungs ihm gegenüber anzuschwellen drohte und überwand sich. Er fühlte sich nicht gut dabei, aber er würde nicht darum (drum) herumkommen. Die anderen Jungs, die voller Begeisterung werfen wollten, würden zornig werden, wenn er sich noch länger weigerte.

Er schwor sich, als er den Stift zog und die Granate nach vorne warf, dies nie mit einer echten zu tun. Die Hyäne grinste und signalisierte, dass es ja nicht so schwer war. Und als die Granate in den letzten Ausrollbewegungen war, bemerkte er den Stift an Heinrichs Zeigefinger. Schlagartig wurde ihm mulmig. Und als es schlagartig (zerberstend) knallte, warf sich die Hyäne kopfüber in den Schotter. Es staubte. Die Jungs lachten, denn sie hatten gesehen, dass es nur ein gewaltiger Ast war, der auf den Betonweg gekracht war. Er rappelte sich wieder auf und sie sahen die zerschlissenen Handflächen, die durch den

Schotter gesaust waren. Heinrich konnte sich das Schmunzeln nicht verkneifen, obwohl er auch etwas Mitleid mit ihm hatte. Die kollektive Strafe folgte auf den Fuß. Zehn Runden laufen statt Fußball. Der Gedanke an Mitleid war verflogen. Das Gefühl der Ungerechtigkeit stieg empor. Heinrichs Eltern konnten sich das Lachen nicht verkneifen und vergaßen abermals ein wenig die Bitterkeit, die in der Luft lag. Die Freude über ihre Kinder war ihnen ein großes Glück und entgegen aller Widrigkeiten gaben die Kleinen ihnen eine Leichtigkeit, eine Verspieltheit, eine grundlegend hoffnungsstimmende Haltung, die sie gerne aufsaugten. Noch beim Abräumen des Tisches stand ihnen eine Zufriedenheit im Gesicht, mit der sie, über das Sandmannschauen hinaus, die Kinder in den Schlaf begleiteten.

VIII

Erneut drehte sich Heinrich in den Schlaf wie ein Kosmonaut in der Schwerelosigkeit. Voller Euphorie und Unbeschwertheit. Das Flugzeug landete recht schnell und mit starkem Holpern. Alles musste zügig gehen und so saß er in einem großen, russischen LKW (Lastkraftwagen), der mit heulendem Motor über modrige Straßen preschte. Aus dem Führerhaus heraus konnte er Panzer sehen. Mit großen, knarrenden Ketten knartschten sie durch die umliegenden Felder. Aus der Ferne waren Schüsse ganz nah zu hören. Heinrich duckte sich, denn ihm war, als sausten die Kugeln nur knapp an seinem Kopf vorbei. Dann saß er am Steuer. Er musste nicht entscheiden, wo es langging, denn vor und nach ihm waren Fahrzeuge, die den Weg anzeigten. Das Lenkrad war groß und schwer, und als es in eine scharfe Rechtskurve ging, blockierte die Steuerung. Heinrich zog mit aller Macht am Steuer, aber der LKW schoss über die Straße hinaus. Umso mehr er zu bremsen versuchte, desto schneller fuhr er. Er hupte heftig, denn er sah Menschen, die auf den Feldern arbeiteten. Der Reihe nach sprangen sie zur Seite. Und als Heinrich wild zu schreien beginnen wollte, weil eine Familie regungslos in Fahrtrichtung stand; da saß er in einem hellen Raum. Die Lichter blendeten ihn und immer gleiche Fragen hagelten auf ihn ein. Heinrichs Mund bewegte sich, aber er hörte sich nicht reden. Das Licht wurde noch greller.

Jochen streichelte ihn über die Wange und murmelte: »Guten Morgen, Zeit aufzustehen.«. Heinrich fühlte sich erleichtert und vergaß, als er die Augen öffnete, was er geträumt hatte. Er war müde und freute sich dennoch sogleich auf die Schule. Das lag auch an seiner Klassenlehrerin, die eine sehr herzliche Frau war. Sie hatte dunkle, kurze Haare und eine Stimme, die wie ein Saxophon klang. Fast immer lächelte sie und zeigte sich geduldig, als alle unruhig herumtobten. Mit großer Begeisterung schrieb sie Mimis an die Tafel. Heinrich wusste nicht genau, was so anders an ihr war, aber bei ihr war er konzentriert und schwelgte nicht so sehr in Gedanken. Artig schrieb er große und kleine Buchstaben in Schönschrift. Der Füller machte kratzende Geräusche und ab und an hatte Heinrich einen leichten Krampf in der Hand. Aber anstatt wie alle anderen wehleidig zu klagen, nahm er ihn in die andere Hand. Es war schwierig und die Buchstaben waren anfänglich kaum zu erkennen, aber mittlerweile konnte man Mumus schon gut entziffern. Die Lehrerin, die von einigen Elephant genannt wurde, da sie einen sehr großen Hintern hatte, schritt durch die Reihen und prüfte. Hier und da schlug sie einen strengen Ton an, der aber im Vergleich zu den anderen Lehrern eher lieb schien. Viel zu schnell ging die Stunde um, so dass Heinrich bei den anderen Unterrichtsstunden schnell ins Schwelgen geriet. Er sah aus dem Fenster und sah grüne Bäume, die sich der Sonne entgegenstreckten. Sah Vögel, die rote Beeren (Bären) aßen. Vor Vogelbären (-beeren) hatten seine Eltern ihn mehrere hundertmal auf das Eindringlichste gewarnt. Er dachte an einen Jungen, der welche gegessen hatte. Es hieß, man würde ihm den Magen auspumpen. Und das erschien Heinrich nicht sehr angenehm zu sein.

Die Sonne stand hoch am Himmel und so begann er sein Kaleidoskopspiel. Für einen kleinen Moment blinzelte er in die Sonne, schloss die Augen und formte den Punkt, der mal rot, mal gelb, mal grün wurde. Durch schnelles Öffnen und Schließen der Augen ließ er den Punkt wandern. Mal teilte er sich in kleine Kreise auf oder wurde zum Viereck. Immer passierte etwas anderes. Immer entstand ein neues, einzigartiges und spannendes Muster. Er fand es lustig, wenn sich die Muster von selbst bewegten, obwohl er gerne alles selbst bestimmen wollte. Schoben sich die Punkte, Kreise und Farbkleckse nach oben, versuchte er sie nach unten zu holen. Hatte er sie kurz unten, drifteten sie wieder hinauf. Und nach einer gewissen Zeit wurden sie meist schwarz-weiß und verblassten dann ganz langsam. So lange wie möglich wollte er sie sehen und blinzelte so schnell es ging. Letztlich verschwanden sie immer, aber er konnte zumindest immer wieder neu spielen. Nur musste er aufpassen, dass ihn die Lehrerin nicht erwischte.

Diesmal ging es gut und schon saß er im Zimmer, in dem die Hausaufgaben zu machen waren und in dem man lesen sollte. Heinrich hatte schnell verstanden, wie er diese Aufgabe erfüllen konnte. Nicht, dass er nicht gerne gelesen hätte, aber die Belohnung, der Reiz schnell fertig zu sein, war ungemein größer. Für die meisten war es schon eine hohe Motivation, sich schnell eines der Spielzeuge im Spielzimmer aussuchen zu können. Aber Heinrich standen keine Klötzchen oder Drehkreisel im Sinn. Sein Spiel, vielmehr ihr gemeinsames Spiel, war besser als jedes Spielzeug. Daher machte Heinrich sich sehr zügig und von Fleiß beseelt an seine Aufgaben. Heute waren es viele Schreibaufgaben. Die Matheaufgaben hatte er schon während der Stunde gemacht, wo er ohnehin immer schneller war, als alle anderen. Er schrieb also vor sich hin. Ordentlich und so genau wie eben möglich. Er beobachtete einen Jungen. Er schrieb äußerst verschnörkelt. Und ganz besonders faszinierte ihn das große »D«. Diese wunderbare Schleife am Fuß des »D's« (D mit Schleife) schien wie eine Schnur um ein Geschenk. Und so schrieb Heinrich, trotz der freudigen Anspannung loszukommen, noch zusätzliche »D's« mit Geschenkpapier und Schleifchen.

Gerne wäre er danach schon losgegangen, aber es musste noch gelesen werden. Mit hochinteressiertem Gesicht eilte er an den Bücherschrank und mit gekünsteltem Enthusiasmus schlug er das Buch auf. Gleich einer Schreibmaschine ließ er die Augen über die Zeilen fliegen. Auch den Kopf neigte er von links nach rechts. Und so verschlang er Seite für Seite ohne auch nur ein einziges Wort zu lesen. Er sah einige Wörter und auch große Überschriften, aber er konzentrierte sich darauf überzeugend zu wirken und blickte ab und an aus dem Augenwinkel zur Kontrolllehrerin. Nach einiger Zeit ging er langsam nach vorne und zeigte die Seiten, die er gelesen hatte. Sie hatte keine Fragen zum Inhalt, denn sein Spiel war glaubhaft gewesen. Sie lächelte ihn mechanisch an und sagte: »Gut gemacht Heinrich, du kannst jetzt spielen gehen und dir ein Spielzeug aussuchen.«.

Er ging mit großem, breiten Lächeln hinüber und wie immer waren mehr Mädchen da, als Jungen. Genau genommen waren nur Mädchen da und er der einzige Junge. Er tapste in die hintere Ecke des Raums und krabbelte durch die Tücher hindurch. Hinein in eine neue Welt. Hier galten andere Regeln. Das Licht war gedimmt. Weiche Decken und flauschige Kissen. Zwei Mädchen lagen dort und baten ihn mit ihren Augen in ihre Mitte. Ohne Worte krauchte er zwischen sie. Sie zogen eine große, kunterbunte Decke über sich und die Mädchen küssten ihn von beiden Seiten auf seine Wangen. Heinrich drehte sich zur Blonden und schob seine Hand unter ihr Nicki (T-Shirt). Er fühlte ihren Bauch, der sich auf und absenkte mit ihrem Atem. Die andere kuschelte sich von hinten an ihn. Ganz langsam streichelten sie sich. Elektrifizierten sich durch das warme Berühren fremder Haut. Sie waren ganz leise dabei. Nur das heiße Atmen der drei war zu hören. Durch den Spiellärm draußen blieben sie aber stets unentdeckt. Die Blonde hatte einen Rock an und da Heinrich noch nie einen Po außer seinen eigenen berührt hatte, fuhr er mit seiner Hand langsam dorthin. Zunächst ließ sie es zu und es war total aufregend. Dann aber wies sie ihn zurück. Ganz sacht und bestimmt. Niemand redete darüber. Alle wussten es und alle wussten, dass diese Oase bedroht sein würde, wenn jemand darüber redete. Hier im gedimmten Licht galten die unausgesprochenen Regeln der Achtsamkeit und Rücksichtnahme. Jeder durfte hier, was er wollte und soweit es vom Gegenüber gestattet wurde. Allein das zärtliche Kuscheln, das Hautfühlen, das ganze Munkeln im Dunkeln war ein Spiel sondergleichen. Und Heinrich war fast immer dabei. Mit vielsagenden Blicken teilten sie im Schulalltag das knisternde Geheimnis. Und so stimmte Heinrich bald nicht mehr in die Sprüche wie »Die Mädchen sind ja alle blöd« oder »Küssen ist igitt igitt« ein. Er spielte den Jungs Zustimmung vor, aber er hatte längst begriffen, wer hier blöd war. In dieser Zeit erkannte Heinrich die Rätselhaftigkeit der Mädchen, die Faszination der sinnlichen Klugheit, das Unsagbare des Kusses. Er merkte, dass Mädchen die besseren Menschen waren. Natürlich gab es jede Menge Ausnahmen, aber mehr und mehr zog es ihn innerlich von den Jungs weg. Ein Magnetismus, den er manches Mal bereuen würde, aber dennoch nie würde umpolen können. Nach und nach hörte er auf den Mädchen an den Haaren zu ziehen.

*

Das erste Schuljahr war schon längst verflogen und Heinrich war innerlich und äußerlich gewachsen. Sein früher hellblondes Haar wurde nun zunehmend dunkler, war nicht mehr hellbraun, sondern eher dunkelbraun geworden. Und trotzdem er schlank war, wirkte sein Körper kräftig. Während die meisten noch immer behütet zur Schule gebracht wurden, ging Heinrich allein. Er hatte zwei Möglichkeiten, zwischen denen er sich jeden Morgen entscheiden konnte (musste). Entweder außenrum, entlang der grauen Blöcke; ein eher gradliniger, wenn auch nicht (gerade) gerader Weg. Oder durch den Innenhof, vorbei am Spielplatz, über ein paar Grashügel. Mal ging er so, mal so herum, ganz seinem Bauchgefühl folgend.

Doch zunehmend häufiger ging er die Zickzackstrecke, die etwas länger war, auf deren Weg er aber einer besonderen Gestalt begegnete. Ein Mann auf Krücken, der nur noch ein Bein und eine Art Stumpf hatte. Jeden Morgen spazierte er umher und setzte sich auf die Bank neben einen von zwei viereckigen Sandkästen. Er hatte gräuliches, flaches und eher spärliches Haar. Seine leicht ründliche Halbglatze spiegelte manches Mal die Sonne. Fast immer trug er den gleichen grau-braun gestreiften Pulli (Pullover) und immer ein freudiges Lächeln. Heinrich grüßte ihn jeden Morgen, wie er noch immer so ziemlich jeden Menschen zu grüßen pflegte. Er hätte verstanden, wenn der Krückenmann traurig geschaut hätte, denn immerhin sah er jeden Tag die Spaziergänger und auch Fahrradfahrer. Aber er schien fröhlich zu sein und grüßte stets lächelnd zurück. Und so ging Heinrich aufgemuntert durch so viel Kämpfergeist in die Schule.

Es war Frühling und die Sonne schob sich über das Meer der Garagenkomplexe, die neben der Schule lagen. Heinrich war immer einer der ersten in der Schule und hüpfte meist in den vorgezeichneten, weißen Mustern über den schwarzen Teer. Ein Feld nach dem anderen wurde durch den Schlüsselbund blockiert, der einmal hinauf und hinabwandern musste. Besonders spannend war es, wenn mehrere spielten.

Er konnte sich durchaus selbst begeistern und alleine spielen, aber heute stellte er sich neben den Bolzplatz. Es war ungeschriebenes und selbstverständliches Gesetz gewesen, dass nur die Älteren hier spielen durften. Langsam füllte sich der Platz und Staubwolken stiegen auf. Heinrich hatte schon öfter Fußball gespielt und er war nicht schlecht talentiert, fand er. Wie aufgescheuchte Hühner tobte die Meute über den Sandplatz. Ab und an schob Heinrich, der an der linken Torauslinie stand, den Ball zurück ins Spielfeld. Zum Torhüter oder zur Ecke. Je nachdem. Als der Ball abermals zu ihm rollte, fragte ihn ein großer Junge, der ohne Kapitänsbinde dennoch nach Kapitän aussah, ob er mitspielen wolle. Heinrich war baff, denn damit hatte er nicht gerechnet. Ohne groß nachzudenken, nickte er. Der Käpten (Kapitän) zeigte ihm seine Mitspieler und los ging es. Mit großer Motivation rannte Heinrich über den Platz, um sogleich zu lernen, was Härte bedeutete. Immer wieder wurde er von den Beinen geholt. Aber ohne zu murren, blieb er dran. Und ein, zwei Mal konnte er sich durchsetzen. Ein entscheidender Pass in die Mitte und Tor. Dieser Pass verschaffte ihm Respekt. Diese couragierte Leistung war es, die ihn vom Hüpfen zum Fußball mit den Großen katapultierte. Niemanden sonst von den Kleinen wurde dieses Privileg zugestanden. Es läutete zum Schulbeginn und Heinrich war verstaubt, verschwitzt und beflügelt. Mit breitem Grinsen saß er im Unterricht und es schien ihm, als sei er in ein paar Minuten mehrere Zentimeter gewachsen. Das würde er auf der Holzlatte zu Hause sofort überprüfen. Bestimmt fünf Zentimeter, schätzte er. Die Kunstlehrerin vermutete hohes künstlerisches Potential, als sie Heinrich energisch und freudig arbeiten sah. Er war in Gedanken und ließ dieses Erlebnis nochmals Revue passieren. Er, der kleine Knirps, hatte sich nicht unterkriegen lassen, war aufgestanden nach herben Remplern und hatte kühlen Kopf bewahrt für den entscheidenden letzten Pass. Er fand sich ganz wunderbar und malte eine riesige Staubwolke, in der nicht sichtbar die Fetzen flogen.

Bis zur Mittagspause war er in dieser Staubwolke, in der er einen tiefen Atemzug der Zufriedenheit und Anerkennung nehmen konnte. Es gab Nudeln mit Tomatensoße. Am Tisch mit den Jungs erzählte er, wie er die Großen ausgespielt und das finale Siegtor geschossen hatte (habe). Applaudiert hätten sie ihm, sogar die gegnerische Mannschaft; weil das ganz große Klasse gewesen war (sei). Mit offenen Mündern hörten sie ihm zu und dem ein oder anderen fiel eine Nudel aus dem Mund. Ein bisschen neidisch waren sie schon, aber Heinrich wusste ihnen gekonnt zu versichern, dass sie weiter Freunde bleiben würden.

Die Schulklingel schellte und so strömten sie zurück, nachdem sie die Teller und Becher zurückgestellt hatten. Inmitten des Stroms sprang Heinrich freudig Stufe für Stufe empor. Ein ganz schönes Gedränge, was wenig Raum für euphorische Sprünge ließ. Doch Heinrich war frohen Mutes und gab sich nicht damit zufrieden eine Stufe nach der anderen zu erklimmen. Mit einem großen Satz hopste er und konnte sich gerade noch in der Balance halten. Doch gleich danach einen weiteren Sprung zu wagen, war des Guten zu viel. Manchmal könnte man glauben, in so einem Strom umzufallen sei schwierig (gewesen), aber das war eine Blauäugigkeit, wie Heinrich schmerzhaft erfahren musste. Er blieb an der Kante der Stufe hängen und schlug mit seinem Kopf in die Stufe hinein. Schnell rappelte er sich auf und für einen kurzen Moment schien alles in Ordnung zu sein. Er tastete seinen Kopf ab. Kein Blut. Doch nach einer langen Verzögerung durchzog ihn ein stechender, bleierner Schmerz. Sein Kopf brummte. Er machte kehrt und rannte aus dem Schulgebäude. Das Klassenzimmer liegt ja auf der anderen Seite, ging es ihm durch den Sinn. Er rannte wie von der Tarantel gestochen und mit schummrigem Blick umher.

Vor sich sah er das Mädchen mit den blonden Haaren. Er folgte ihr, denn sie würde ihm den Weg zur Klasse weisen. Doch als sie über ein Gitter rannte, stoppte sie plötzlich abrupt. Sie fühlte sich verfolgt und noch bevor sie sich drehen konnte schlug Heinrichs Kopf in ihren Hinterkopf. Alles brummte und summte wie wild. Er spitzte seine Lippen und erwartete ihren Kuss. Sie schaute ihn verwirrt an und sah, wie er ihr in die Arme fiel. Erst freute sie sich über so viel Aufmerksamkeit, doch dann bemerkte sie, dass Heinrich wie ein nasser, schwerer Sack auf ihr lastete. Er war bewusstlos. Sie legte ihn sacht auf den Boden und rannte in Windeseile zur Klassenlehrerin. In gedrechselten Halbsätzen und durch tiefes, hastiges Einatmen unterbrochen, berichtete sie. Die nette Elephantin schickte einen Schüler ins Sekretariat. Es solle ein Krankenwagen gerufen werden. Sie eilte zusammen mit der Blonden hinaus zu Heinrich.

Er saß ans Geländer gelehnt da und hielt sich mit beiden Händen den Kopf. Frau Freystein zog ihren Pulli (Pullover) aus und legte ihn um Heinrich. Wie es ihm gehe, wollte sie wissen. Heinrich wusste nicht so recht (wo oben und unten ist) und sagte: »Aua, Kopf, aua!«. Sie fragte ihn, wie alt er sei. Heinrich antwortete: »Ja, es hat geknallt.«. Es stand schlimm um ihn und Frau Freystein war froh, als der Krankenwagen um die Ecke bog. Die Sirenen des Martinshorns schepperten wie ein großes Großorchester in Heinrichs Kopf. Heinrich kam es hoch und er erbrach die Spaghetti (Nudeln) über den Wollpulli. Die Sanitäter redeten auf ihn ein, doch Heinrich verstand nichts und sein Blick wurde immer schwammiger und dunkler.

Er spürte noch, wie sie ihn auf die Trage legten – dann war es vollkommen dunkel.

Einige Lichtstrahlen brachen behutsam durch die Bäume. Es roch nach Harz und modrigem Unterholz. Heinrich sah Süßigkeiten auf dem Boden liegen. Ein Faden aus Glitzerpapier führte ihn weiter ins Dickicht des Waldes. Seine Taschen waren bereits voller Süßigkeiten und so drückte er vorsichtig die Äste bei Seite, um voranzukommen. Mitten im Nichts endete die Fährte, die ihn zu einem Lebkuchenhaus hätte bringen sollen. Stattdessen stand er verloren herum. Er hörte Geräusche und duckte sich. Durch das Gestrüpp hindurch sah er einen Fuchs, der sich auf einen Baumstumpf legte und seinen Schwanz schaukeln ließ. Erst dachte Heinrich er sei allein und führe Selbstgespräche, aber dann bemerkte er ein weißes Häschen.

Es stand direkt vor dem Fuchs. Fast regungslos. Der Fuchs stöhnte, während das kleine Häschen keinen Laut von sich gab. Dann hörte der Fuchs auf den Schwanz zu schaukeln und blickte mit scharfem, zuckendem Blick auf den Kleinen, das weiße Plüsch hernieder. Mit harscher Stimme sagte er: »Gute Nacht, mein kleines Häschen. Hast du fein gemacht!«. Das Häschen schwieg. Heinrich verstand nicht, was das bedeuten sollte, aber er merkte, wie das Häschen vor Angst zitterte. Ohne weiter nachzudenken, sprang Heinrich hervor und tönte: »Lass (den Kleinen) das Häschen in Ruhe, es hat dir doch nichts getan!«. Der Fuchs sprang auf, begab sich in Angriffsstellung und fletschte sein Maul. Heinrich bekam es mit der Angst zu tun. Er sah, wie das Häschen weghoppelte und mit weiten Sprüngen Boden gutmachte. Völlig ausgeliefert stand Heinrich da, starr wie das Kaninchen vor der Schlange. »Gute Nacht, lieber Fuchs« stammelte er ihm um Versöhnung suchend entgegen. Und zähneknirschend gab der Fuchs zurück: »Ja, gute Nacht!«. Und mit einem großen Satz sprang der Fuchs in seine Richtung.

Heinrich schlug einen Haken, so dass der Fuchs ihn verfehlte und rannte mit hastigen Schritten los. Im weichen Moos fand er keinen rechten Halt und doch kämpfte er sich durch den dichten Wald. Immer wieder schlug ihm ein Ast vor das Gesicht. Ohne einen großen Stolperer brachte er Abstand zwischen sich und den Fuchs, und als er sich halbwegs entfernt fühlte, hielt er nach einem Versteck Ausschau. Er sah eine alte Ruine. Voller Hoffnung und sich schon der Rettung nah sehend, übersah er die (aus dem Boden austretende) Wurzel. Es riss ihn blitzartig zu Boden. Er hörte sein eigenes Schnaufen. Kurz hielt er den Atem an, um zu hören. Er hörte nichts. Womöglich hatte der Fuchs aufgegeben. Aber er war nicht sicher und so ging er rasch zur Ruine, wo er eine Kellerluke fand.

Er zog sie am Eisenring nach oben und kletterte hinab. Hier war es warm und Kerzen brannten. Heinrich schloss die Luke. Er setzte sich auf das Bett und atmete durch. Er bemerkte, wie zerrissen und zerbissen seine Anziehsachen (Kleidung) waren. Fast alle Süßigkeiten hatte er verloren, aber das war ihm egal. Er würde losgehen, wenn es hell würde und sich zu Hause über die Schokolade hermachen. Diese Belohnung für die gelungene Flucht hatte er sich verdient, dachte er. Er legte sich ins Bett und das Geschehene lief wieder und wieder vor seinem geistigen Auge ab. Als er an die Süßigkeiten dachte, stockte ihm der Atem. Sein Herz raste und ein Puckern im Hals und in den Schläfen schien seinen Körper zu zerreißen. Er musste sofort hier weg, dachte er, denn das Glitzerpapier würde ihn verraten.

Doch es war zu spät. Fast lautlos hatte sich der Fuchs angeschlichen und stand neben seinem Bett. Heinrich wusste, er würde sich nicht mehr beschwichtigen lassen. Mit aufgerissenem Maul und nach oben gerichtetem Schwanz sprang er auf Heinrich. Mit festem Biss bohrten sich die Zähne in Heinrichs Herz. Heinrich schrie, doch es gab kein Entkommen. Die Schreie verstummten im steinernen Keller, von Mauern gebrochen, von Wänden (Wende) verschluckt. Kein Laut trat hinaus. Irgendwann übermannten ihn die Schmerzen und er schwebte hinaus. Entlang am spärlichen Lichtkegel, der in den dunklen Wald ragte. Alles wurde licht und lichter. Heinrich öffnete die Augen. Das Licht schmerzte.

Mit zugekniffenen Augen sah er die Konturen seiner Eltern. Er hörte, wie es piepte. Sehr rhythmisch. Er hörte Holzschuhe klappern und sah einen Mann im weißen Kittel. Und nachdem ihm dieser mit einer Taschenlampe in die Augen gestrahlt hatte, wurden die Umrisse schärfer. Seine Eltern hatten erleichterte und besorgte Gesichtszüge zugleich. Heinrich wollte sprechen und merkte, wie sehr sein Hals beim Versuch Worte zu formen schmerzte. Daher fragte er kurz und knapp: »Was passiert?«. Woraufhin Anna »es wird alles wieder gut« entgegnete. Heinrichs Gesicht bildete ein Fragezeichen. Seine Mutter gab ihm zu verstehen, dass er einen Unfall gehabt habe und er auf der Intensivstation liege. Sie streichelte ihn über die Wange und versuchte ihre Tränen zurückzuhalten. Es waren Tränen tiefen Mitgefühls, der Erleichterung und vor allem der Liebe. Der Arzt signalisierte, dass Heinrich jetzt Ruhe brauche. Anna gab ihm einen liebevollen Kuss auf die Stirn. Sofort wurde Heinrich ganz warm im ganzen Körper. Das Piepen wurde etwas schneller. Dann verließen die Eltern zusammen mit dem Arzt das Zimmer.

Im Flur klärte er beide über den Zustand von Heinrich auf. Er sagte, dass er noch die Ergebnisse der Blutanalyse abwarten müsse und der Schädel nochmals geröntgt werden sollte. Erst dann könne er eine definitive Diagnose abgeben. Generell sei es ein guter Verlauf, gerade wenn man die schicksalshafte Diagnose nach der Geburt berücksichtigte. So eine ulkige Diagnose habe er in seiner ganzen Laufbahn noch nicht gelesen. Sein Bauchgefühl sage ihm aber, dass er in den nächsten zwei bis drei Tagen die Intensivstation verlassen könne. Man solle ihn nur vor Aufregung bewahren und lieber schöne Sachen erzählen, gab er mit dalmatinerartigem Gesicht zu verstehen. Er gab beiden die Hand und ging.

Anna und Jochen stiegen die Treppen hinab und setzten sich draußen auf die Bank, die von vielen Pflanzen (weißen Lilien) umgeben war. Sie zündeten sich eine Zigarette an und besprachen die Situation. Jochen versuchte Anna zu beruhigen, denn er merkte, wie sich ihre Anspannung verhärtete und die verdrängten Sorgen und Ängste hervortraten. »Der Junge ist ein Kämpfer, der schafft das!« sagte er aufmunternd. Immerhin hat er schon so viele Sachen überstanden, bestärkten sie einander. Aber diesmal war es über das Maß des Bisherigen weit hinausgegangen. Und ihr fiel dieser unfassbare Satz des damaligen Arztes ein, der sie bei Seite gezogen hatte. Erst diese seltsam unrealistische Diagnose und dann diese unmenschliche Schlussfolgerung. »Setzen sie lieber auf ihre Tochter, die scheint ja ganz normal zu sein. Sie müssen ja auch an ihre eigene Zukunft denken.«. So eine bittere Haltung, die sie nicht in Einklang mit diesem sonst so sympathischen Arzt hatte bringen können. Manchmal schien es ihr, als hätte er das nicht ernst gemeint und bewusst übertrieben. Mal glaubte sie, dass manche Menschen doch einen sehr modrigen Kern haben können, der unter der glänzenden (glitzernden) Hülle faulig wütet.

Anna versuchte sich von dieser Erinnerung wegzubringen, denn oft genug hatte sie sich schon damit beschäftigt. Sie beschloss Haltung zu wahren und stark zu sein, denn es ging um ihre Kinder. Hier und Jetzt.

Nach einer weiteren Zigarette fuhren sie im himmelblauen Trabant zu Jochens Mutter, die alle nur Oma nannten. Oma Liesbeth kümmerte sich, so oft es ihr möglich war, um die beiden Kleinen. Und Sabine hatte erneut einen Heidenspaß. Hier durfte sie Dinge, die zu Hause nicht erlaubt waren. Zum Beispiel lange aufbleiben. Und so war es nicht verwunderlich, dass sie etwas bockig wurde, als Anna und Jochen beschlossen sie mitzunehmen. Das Argument, dass sie morgen Schule hatte, überzeugte sie nicht. Der Vorschlag, dass sie, wenn Heinrich aus dem Krankenhaus komme, über das Wochenende bleiben könne, besänftigte sie nicht. Erst als Oma einstimmte und ihren Eltern Recht gab, zeigte sie sich einsichtig. Sabine wurde oft bockig in letzter Zeit und vor allem, wenn Heinrich krank war. Im Buhlen um Aufmerksamkeit war Bockigsein ein gut erprobtes Mittel, was aber wenig nützte, wenn es keinen Gegenspieler gab.

Zuhause angekommen traten alle drei in ein Gefühl der Leere. Der kleine, ruhige Wirbelwind fehlte. So lange war er noch nie weg gewesen. Auch Sabine gab jetzt ihr Gezeter auf und fragte, wie es Heinrich geht. Jochen beugte sich zu ihr hinab und betonte, dass es ihm bald wieder gut gehen werde. Sie brauche sich nicht zu sorgen. Und jetzt sei es langsam Zeit sich bettfein zu machen. Sabine war naiv genug und nahm, was man ihr sagte, meist für bare Münze. Den unausgesprochenen und doch offensichtlichen Selbstzweifel erkannte sie nicht. Jochen war keinesfalls so überzeugt, wie er es ihr signalisierte, aber sein schauspielerisches Talent konnte zahlreiche Wogen glätten.

Er brachte Sabine ins Bett und las ihr die Geschichte von der Raupe vor. Sabine hörte mit gespitzten Ohren zu und schlief sofort ein, als der letzte Satz vollendet war. Ihre ganze Anspannung verflog, als Jochen mit brummiger, leiser werdender Stimme den letzten Satz gelesen hatte. Und wie im inneren Echo fiel der Satz auf ihn zurück, so dass er ihn leise für sich aussprach. »Sachte, sachte, eh se ankommt ist's halb achte.«

In einer nachdenklichen Stimmung ließ er sich in den Sessel im Wohnzimmer fallen. Anna machte in der Küche die Stullen (Brote) für den nächsten Tag. In meditativer, bewusster Weise schmierte sie Butter auf die Schwarzbrotscheiben. Schmalz, Wurst, Käse. Sie wusste, wer was aß und wer was wieder mit nach Hause bringen würde. War ein Brot geschmiert, legte sie eine weitere Scheibe darauf, teilte es dann in der Mitte, schlug es in Backpapier ein, stapelte verschiedene Häufchen und fertig waren die Stullen (Schnitten). Dieses Ritual gab ihr Halt, wie es ihr generell Freude machte für die Kleinen und den Großen zu kochen. Sie ließ den Tag vor dem geistigen Auge vorbeilaufen. Mal freute, mal ärgerte sie sich über die Geschehnisse des Tages. Und zumeist landete sie in einer Stimmung der Dankbarkeit, der Zuversicht, der Hoffnung. Nicht, dass ihre Sorgen mit Stullenschmieren hätten vom Winde verweht werden können. Mitnichten. Aber sie merkte, dass das Leben auch

Gutes bereit hielt. Ihre lieben Kinder und ihren lieben Mann. Was so viele Menschen leicht übersehen, wurde ihr hierbei oftmals bewusst. Sie war sicher nicht dermaßen hoffnungstrunkend wie Jochen. Natürlich schätzte sie diese starke, kämpferische und nach vorne schauende Seite an ihm. Und oft genug hat er ihr Sorgen und Ängste nehmen können. Dennoch wusste sie, dass Hoffnung auch blind machen kann. Aber dieses Mal hatte er wohl Recht behalten.

*

Heinrich ging es schon nach einem Tag wesentlich besser, so dass er auf die Kinderstation verlegt werden konnte. Die hochgezogenen Bettgitter konnten raffinierte Kinder nicht davon abhalten, das weiße Bettenhaus zum Zirkus zu machen. Ein Junge mit Augenklappe, den sie Pirat nannten, und ein Mädchen mit X-Beinen, die sie Ypsilon nannten, waren mit ihm im Zimmer. Sie waren aufmerksame Beobachter und lösten die Erwachsenensicherung ohne Probleme. Langsam schoben sie die Gitter hinab. Es war sehr früh am Morgen und die Betten würden erst in einer knappen Stunde frisch bezogen werden.

Im Flur war es ruhig und so hallte das Knartschen der Tür in den kleinen Ohren besonders laut. Sie tapsten mit kichernden Gesichtern zum Fahrstuhl, den der Pirat gestern schon mit dem Fernglas ausfindig (auswindig) gemacht hatte. Sie drückten den Knopf und die großen, silbernen (silbernden) Türen öffneten sich. Drinnen roch es nach Desinfektionsmittel. Der gräuliche PVC-Belag war gebohnert wie ein Spiegel. Sie schauten sich einen kurzen Moment an und flüsterten sich dann zu, wohin sie zuerst gehen wollten. Nach oben. Der Bauch der kleinen Ypsilon tanzte kurz etwas hin und her, als der Fahrstuhl nach oben sauste. Vorsichtig lugten sie aus der Tür. Hier war ein ganz schönes Tohuwabohu (Torobaworo). Gleich vor ihnen war ein Raum, in dem es flimmerte. Ein Fernseher lief und drei Erwachsene saßen auf einem Sofa. Ein Testbild und ein piepender Testton. Langsam krabbelten sie unter einen großen Holztisch und beobachteten, wie die drei Herren in das bunte Testbild schauten. Über den Flur tönte Musik und es klapperte, als ob jemand mit Holzlöffeln auf Töpfen haut. Es war staubig und so kribbelte es Ypsilon in der Nase. »Halt dir die Nase zu« wollte Heinrich noch sagen, da schallte ein lautes Hatschi durch das Fernsehzimmer. Es war unmöglich dieses laute Niesen zu überhören und so kamen sie hervor. Sie merkten, wie einer der Sofaherren herüberschaute. Dann wandte er seinen Blick wieder dem Testbild zu. Er wirkte traurig und niedergeschlagen. Jetzt erst begriffen sie, wo sie gelandet waren. Bei den Irren! Nachdem sie eine Weile vor dem Sofa sitzend Testbild geschaut hatten, schlichen sie unbemerkt in den Fahrstuhl zurück.

Noch bevor sie überlegen konnten, wo sie hinwollten, sauste der Fahrstuhl nach unten. Erdgeschoss. Sie standen ruhig an der hinteren Wand. Zwei Frauen stiegen ein. Sie schoben, ohne ihre Blicke in den Fahrstuhl zu werfen, einen großen Rollwagen mit frischer, weißer Wäsche hinein. Die eine sagte mit kräftiger Stimme: »Ich habe damit jetzt definitiv abgeschlossen!«. Worauf die andere fragte: »Und du glaubst, das geht so einfach und dann noch so schnell?«. »Na logo, ich habe mit dem Kapitel abgeschlossen. Ein für allemal vorbei. Und wenn wir mal ehrlich sind, dann solltest du das auch tun. Ist wirklich besser, denn letztlich ist das sowieso alles egal.« antwortete sie. Die andere erwiderte energisch »egal ist Sechsundsechzig (Achtundachtzig)«, als sich die Fahrstuhltür im ersten Stock auftat. Ins Gespräch vertieft, zogen sie den Wagen hinaus. Die drei Zirkusartisten liefen ein Stück hinter dem Wagen her und schnellten dann in eine kleine Ausbuchtung mit Fenstersims.

Auf dieser Station herrschte eine Totenruhe. Das Brabbeln der beiden Frauen wurde leiser, bis auch das Holpern des Wagens verstummte. Die Station sah nicht aus wie eine Station. Keine Schwestern, keine Geräusche, absolut nichts. Sie gingen den Flur entlang und versuchten eine Tür nach der anderen zu öffnen. Vergebens. Alle waren verschlossen, bis auf eine.

Langsam drückten sie die schwere Eisentür auf. Sie kamen sich vor wie in einem großen Kühlschrank. Eine riesige Front mit Kühlfächern zu ihrer Linken. Rechts war ein Raum. Die Tür war offen. Auf einem silbernen Tisch lag ein weißes Tuch. Heinrich bemerkte zuerst, was los war. Er sah die Füße, die hinausschauten. An dem großen Zeh war ein Zettel angebracht. »Ein Toter« ging es ihm durch den Kopf. Auch die anderen beiden merkten, was die Stunde geschlagen hat und nach einem kurzen Hauch der Faszination verließen sie mit Gänsehaut und in Gruselstimmung den Raum. Alles war irgendwie unwirklich. Fast schien es ihnen so, als ob er geschlafen hätte. Voller Unvorsicht gingen sie über den Flur und begannen über den Vorfall zu reden. Die Jungs bestärkten sich darin, keine Angst gehabt zu haben. Und Ypsilon betonte zunehmend, dass sie das nicht glaube. Sie waren so eingenommen von dem Kühlschrankraum und dem Toten, dass sie die zwei Schwestern, die vor ihnen standen, gar nicht recht bemerkten.

Das Spiel war sowieso vorbei und so trotteten sie den Schwestern nach. Zurück in die zweite Etage, zurück ins Bett. Nach so viel Abenteuer schliefen die drei zirkushaften Gestalten tief und fest. Als der Oberarzt (Chefarzt) vor seiner Visite von dem Vorfall erfuhr, stand für ihn fest, dass es Heinrich wohl gut genug ginge und er entlassen werden könnte. Noch vor dem Mittagessen kam Jochen vorbei, um ihn abzuholen. Er verabschiedete sich von den beiden Artisten. Sie umarmten sich herzlich, und sehnsuchtsvoll dachte Heinrich an die schöne und viel zu kurze Zeit zurück. Der hellblaue Trabi fuhr nach Hause, wo Jochen Eierkuchen machte. Einzigartige Eierkuchen, die genau zwischen rotzig-weich und kross-hart lagen. Zusammen mit Apfelmus und Zucker eine Delikatesse sondergleichen. Heinrich fühlte sich wohl. Es gefiel ihm, aus dem Alltag gerissen zu sein. Nicht, dass ihm die Schule keinen Spaß brächte, aber so umsorgt und so erlebnisreich könnte Schule nie sein, dachte er.

IX

Jochen beschloss Heinrich Schach beizubringen. Es war einer seiner festen Vorsätze, die sich um die »Die-Kinder-sollen-es-einmal-besser-haben-als-ich«-Vorstellung kreisten. Heinrich hörte wissbegierig zu und war begeistert vom Springer. Die Dame fand er auch nicht schlecht, aber den Springer, das hüpfende Pferd, fand er ganz besonders raffiniert. Es dauerte nicht lange, bis er begriffen hatte, wie die Figuren sich bewegen dürfen. Und so lernte er die erste Lektion. Das Schäfermatt. Heinrich war kämpferisch und merkte sofort, dass unsicheres oder sicheres Nachahmen in die Katastrophe führte. Sein Ehrgeiz war geweckt, gerade weil er an diesem langen Nachmittag jede Partie verlor. Heinrich hatte eine ganz neue Art der Faszination kennengelernt. Die Begeisterung für das Spiel. Das Betreten einer Phantasiewelt, in der so ziemlich alles möglich war. Jochen hatte durchaus mit der Freude Heinrichs gerechnet, aber dass er gleich so ehrgeizig sein würde, erstaunte ihn doch sehr. Sabine und Anna kamen fast zeitgleich nach Hause und so beendeten sie die erste große Lehrstunde Schach.

Alle waren im Wohnzimmer versammelt und Anna herzte Heinrich liebevoll. Sabine gab ihrer Freude auch Ausdruck und stampfte bockig in ihr Zimmer. Anna erklärte ihm, dass auch Sabine sich freue, es aber nicht zeigen könne. Das würde ganz schnell verfliegen, wenn sie erfährt, dass es heute zur Oma geht. Sie schickte Heinrich zum Spielen zu Sabine.

Eine freudige Freitagsstimmung umgab Anna und Jochen. Sie fühlten sich fast wie Jugendliche, wie damals als sie auf ihrem ersten Konzert im Volkshaus waren. Ein unvergessliches Konzert von City. Quietschfidel und angetrunken waren sie danach die Innenstadt entlang spaziert und hatten sich unterhalten. Erst am nächsten Tag erzählte man ihnen, dass sie unheimlich laut geredet, ja sogar fast geschrieen hätten. Ihre Ohren waren so betäubt gewesen und ihre Gefühle so rauschhaft vor Liebe, dass der halbe Straßenzug aufgewacht war. Und heute konnten sie, bestärkt durch die Freude über Heinrichs Rückkehr, mal wieder so richtig auf den Putz hauen. Sie würden ausgelassen das Tanzbein schwingen, und alle Sorgen und Nöte vergessen. Denn es gab einen Ort in dieser Stadt, wo sie das konnten. Dort konnte man alles sagen. Es war eine kleine Spelunke. Man kannte sich und selbst wenn hier einmal ein Kundschafter des Friedens (für die sozialistische Sache) auftauchen würde, wäre er nach einem Bier wieder verschwunden. Wie immer und meist auch der Gleiche. Die Musik wurde so laut gedreht, dass man alles Unrecht hätte herausschreien können, ohne dass es jemand gehört hätte. Und in den Morgenstunden gab es verbotene Westmusik. Da würde es hingehen, das stand ganz außer Frage. Aber erst einmal brachten sie die Kinder zur Oma. Freudestrahlend saßen sie um den Wohnzimmertisch und aßen Apfelkuchen mit Streuseln. Oma sah die Vorfreude ihres Sohnes und ihrer Schwiegertochter und zog das Essen nicht unnötig in die Länge.

Kurz nachdem sich die Eltern verabschiedet hatten, begannen die Kinder zu toben. Dann durften sie sich ein Stück Schokolade nehmen und anschließend ging es nach draußen. Oma Liesbeth wusste, dass es besser wäre, wenn die Kinder ihren euphorischen Huseldusel draußen auslebten. Sie gingen zu einem Spielplatz, der umringt war von großen Blöcken. Es gab Schaukeln, Klettergerüste und eine ganz tolle Lauftrommel. Auf ihr konnte man rennen und rennen ohne vorwärts zu kommen. Und wenn man zu hastig war, riss es einem die Beine weg und man sauste nach hinten. Daher stand Oma immer dabei, denn Kindsein und Übermut gehörten zusammen wie Kartoffeln und Salz. Gerannt ohne voranzukommen wurde natürlich zuerst. Danach konnte Oma Liesbeth sich auf die Bank setzen und beobachten. »Schau her Oma, schau her!« schrieen die beiden, als sie das Gerüst erklimmten. Liesbeth träumte vor sich hin und dachte an ihre Jugendzeit. An die zahllosen Tanzabende, wo es ihr als einzige nur um das Tanzen ging. Zwar war der ein oder andere galante Mann dabei gewesen, aber das Tanzgefühl konnte nichts übertreffen. Der kleine Heinrich stand neben ihr und fragte, ob sie ihn anschubsen könne. Sofort stand sie auf und ging mit Heinrich zu den Schaukeln. Nahezu jeden Wunsch, den ein Enkelkind hatte, erfüllte sie. Nichtsdestoweniger hatte sie auch eine sehr strenge und fordernde Art. Immer lieb und erklärend, aber durchaus auch unnachgiebig. Nachdem sie sich ausgetobt hatten, ging es zurück.

Die beiden waren, wie es sich gehörte, komplett verdreckt. Sand in den Socken und in den Haaren. Oma war sehr auf Ordnung und Sauberkeit bedacht. Sie stellte Heinrich in die Wanne, so dass der Sand nicht auf dem Teppich landete. Und als er sich fertig gewaschen und abgeduscht hatte, stieg er hinaus, um sich abzutrocknen. Er dachte noch über den lustigen Seifenbeutel nach, der alle Seifenreststückchen versammelte und eine ganz besondere Duftmischung verströmte, als die Oma ihn verärgert ansah. Mit energischer Stimme wies sie ihn zurecht, sich gefälligst in der Wanne abzutrocknen. Er setze ja das ganze Bad unter Wasser. Und sie müsse das dann alles sauber machen. So geht das nicht. Heinrich war erschrocken über diesen Stimmungswandel, sah aber ein, dass sie Recht hatte. Seit diesem Tag trocknete Heinrich sich immer in der Wanne ab. Es war das erste Mal, dass er die Entschiedenheit, die Rigorosität seiner Oma hautnah spürte. Sabine hingegen hatte schon lange begriffen, wie wichtig der Oma Sauberkeit war, weswegen sie genau darauf achtete nicht unnötig Schmutz zu machen.

Nachdem beide frisch gewaschen und in Schlafanzügen in der mollig warmen Stube saßen, aßen sie gemeinsam Abendbrot (Armbrot). Stulle mit Brot. Die Oma gängelte Heinrich. Er solle sich ordentlich Butter auf das Brot schmieren. Heinrich strich sehr zart eine leichte Schicht Butter auf das Schwarzbrot. Er müsse mal was auf die Rippen bekommen. Er sei viel zu dünn. Heinrich kannte diese Sätze. Er hatte sie so oft gehört und zu entkräften versucht, so dass er jetzt einfach in Ruhe weiter aß, wie er es wollte. In dieser Situation wurde ihm klar, dass man nicht alles glauben sollte, was so gesagt wird und nicht alles machen müsse, bloß weil andere es für richtig halten. Er ahnte, dass seine Oma das verstehen würde, denn das Westfernsehen, was sie diesen Abend gemeinsam schauten, wurde auch für nicht richtig erklärt. Es kam Glücksrad. Eine Show, in der drei Kandidaten ein Rad mit Geldbeträgen drehten, einen Buchstaben sagten und dadurch letztlich einen Satz oder ein Wort an der Buchstabenwand erraten mussten. Und da Heinrich bereits gut mit Buchstaben umgehen konnte, rätselten sie alle munter mit. Der Moderator war sehr sympathisch und die Frau, die die Buchstaben umdrehte, hatte immer ein Lächeln im Gesicht und ein eng anliegendes Kleid an. Es fiel E wie Emil, M wie Marta und I wie Ida. Beim M gab es ein Dedüh-Geräusch, was bedeutete, dass der Buchstabe nicht vorkam und der Spielteilnehmer N wie Näse oder H wie Hanswurst war. Oma Liesbeth war meistens schneller als die Leute im Fernsehen. Sie wusste schon, nachdem jeder zweimal getippt hatte, die Lösung. »Wer nicht wagt, der nicht gewinnt.« sagte sie halblaut. Heinrich beobachtete immer sehr genau. Wie würden die Mitspieler sich verhalten? Was gab es zu gewinnen? Und vor allem, wo würde das Rattern und langsame Ausknattern des Glücksrads enden? Eine helle und vor allem sehr bunte Freude, nach der es hurtig ins Bett ging, denn der Tag war für alle drei überaus erlebnisreich und anstrengend gewesen.

Am nächsten Morgen standen die Eltern unerwartet vor der Tür. Eigentlich sollten sie die Kinder erst am Sonntag abholen, aber gestern hatte Jochen den stets total betrunkenen offiziellen Mitarbeiter (Kundschafter des Friedens) Igel eine Unterschrift auf der Urlaubsreisebescheinigungserlaubnis abluxen (abluchsen) können. Der Igel war ein gern gesehener Gast, der viel zahlte, viel ausplauderte und sich am nächsten Tag an nichts mehr erinnern konnte und wollte. Voller Freude ging es somit in den Urlaub an die Ostsee. Worauf andere Monate und Jahre lang warten mussten, hatte Jochen unter Zuhilfenahme von ein paar Schnäpsen (Kurzen) in ein paar Minuten bekommen. Er hatte sich und Anna schon von der Arbeit abgemeldet und auch die Sachen hatten sie schon eingeladen. Und so stiegen sie in den Trabi und ratterten mit lautem Knattern gen Meer und Strand. Und auch das Wetter spielte mit. Die Sonne stand hoch am Himmel und untermalte den Moment unbeschwerter Leichtigkeit. Erst kurz vor der Ankunft trat bei Jochen ein schweres, unbehagliches Gefühl empor.

Schon aus großer Distanz sah er den kleinen, sich für einen übermenschlichen Riesen haltenden GG. Jener Anwalt großer Leute, der das Zutrauen, die Verletzlichkeit und Hilfsbedürftigkeit der Kleinen gnadenlos missbrauchte. Dieser hinterlistige Fuchs, dieser tollwütige, dicke Affe, dachte Jochen und griff mit ganzer Wut ins Lenkrad. GG stand günstig auf der Straße. Seine Leibwächter waren nicht zu sehen und ohne großen Zweifel hätte Jochen ihn vermutlich überfahren, wenn er nur alleine im Auto gesessen hätte. Aber es ging nicht und so musste er auf eine höhere Gerechtigkeit vertrauen, an die er nicht glaubte. Er bog ab, um nicht in Versuchung zu kommen und um nicht die tollwütige Fresse dieser Bestie sehen zu müssen. Anna bemerkte seine verkrampfte Haltung und fragte, wieso er hier lang fahre, das sei doch ein Umweg. Er wolle nur kurz den Strand und das Meer begrüßen, gab er mit gespieltem Enthusiasmus zu verstehen. Anna witterte, dass da etwas war und sie würde später nachhaken.

Jochen würde bis dahin eine plausible Erklärung gefunden haben; finden müssen. Jetzt ging es darum, das Beste aus der Situation zu machen. Die Vergangenheit ließe sich ohnehin nicht ändern und vielleicht würde er ja doch noch seine gerechte Strafe bekommen. Er klammerte sich an den Satz, dass alles im Leben auf einen zurückfalle. Jochen beschloss zu einer Notlüge zu greifen und erklärte am Strand angekommen, der Unmut sei wegen der Arbeit aufgekommen. Die Enttäuschung darüber, nicht seinen Meister machen zu können, wo er doch über alle nötigen Qualifikationen verfügte. Das wiege eben sehr schwer. Aber es helfe jetzt kein Hadern und es sei auch an einem so schönen Tag unsinnig sich darüber zu ärgern, wies er sich selbst künstlich zurecht. Anna und Jochen setzten sich in den Sand, während die Kinder umhertollten. Es windete ziemlich stark und die Wellen brachen sich in großem Getöse.

Sie schlossen die Augen und hielten sich an den Händen. Eine Ausreisegenehmigung für die ganze Familie hätte er sich unterschreiben lassen sollen; aber hierfür fehlte ihm der entsprechende Stempel. Und an diesen Stempel zu kommen war noch deutlich schwerer, als sich einen Trabi zu beschaffen. Jochen hatte über anderthalb Jahre für den P-601 gearbeitet und an allem gespart. Und zähe Verhandlungen auf dem Schwarzmarkt geführt. Diese Entbehrungen für dieses kleine Stück Freiheit waren nichts im Vergleich zu diesem Stempel und dem Bescheinigungsbeleg. Der offizielle Weg war in den meisten Fällen nichts anderes als eine Mausefalle; eine Methode die Andersdenkenden zu entlarven. Dieses kleine Stück Freiheit Ostseeurlaub war für Jochen mittlerweile mehr Salz in der Wunde, als Genuss. Einzig für Anna und die Kinder konnte er sich freuen. Die drei waren so ziemlich das Einzige, warum er hier blieb.

Einmal war er schon kurz davor gewesen. Er war mit dem Trabant nach Ungarn gefahren, hatte Westmark überall im Auto versteckt und war fest entschlossen gewesen. Einzig der gute Freund, den er erst am Plattensee eingeweiht hatte, hinderte ihn. Nicht, dass er es nicht auch ohne ihn über die Grenze gewagt hätte, aber er wusste, was Zurückgebliebenen drohen konnte. Das Gewissen im Zelt der Zeit der Gewissenlosigkeit war das Zünglein an der Waage gewesen. Enttäuscht und geknickt kehrte er damals zurück. Er hatte sich neu geordnet, das Glück in der Familie gesucht und auch ein Stück weit gefunden, aber die stachlige Grenze, die seinen Freiheitsdrang einschnürte, stieß ihm ein ums andere Mal bitter auf. Der goldene Westen war immer als Ziel im Hinterkopf geblieben. Manchmal hoffte er auf einen Wandel von innen und hätte fast an den sozialistischen Aufbau geglaubt; aber Dinge wie beruflichen Erfolg, Reiselust, Individualität – ja einfach seine Idee von Freiheit standen dem entgegen. Sein Sturm und Drang war freilich mit den Jahren etwas abgeschliffen worden; aber in diesem Moment am Meer, wo die unendlichen Möglichkeiten rauschten, ein Hauch von Unbegrenztheit tobte und der Duft fremder Länder wehte – erweckte ihn. Und jedes Mal musste er erkennen, dass er im Dilemma gefangen war. Er wollte frei sein und konnte nicht. Nicht die Familie, nein der Staat hielt ihn gefangen und so lebte er die kleinen Stücke Freiheit, die ein solches Gefängnis hergab. Er knirschte mit den Zähnen und träumte von einem zweiten Prager Frühling, von einer gelingenden Revolution.

Anna hingegen war mit diesem Moment der Freiheit sehr glücklich. Nicht, dass sie voller Naivität die Augen verschloss. Für sie war dieses Leben mehr Freiheit, als sie sich je erträumt hatte. Wer im Fuchsbau groß wird, der hat andere Erwartungen an das Leben. Natürlich reizte sie der Westen auch, aber sie hatte Glück in der Familie gefunden. Überhaupt hatte sie Familie gefunden, wo vorher nur lechzende, rohe und bestialische Mäuler waren. Die Liebe zu Jochen gab ihr Hoffnung und Kraft den Widrigkeiten zu begegnen. Und die Widrigkeiten waren nicht gering für aufrichtige Menschen. Jetzt aber war ihnen ein Sprung mit dem Springer gelungen. Das Pferd war für viele Überraschungsmomente gut. Immerhin hatten sie nicht wie viele andere wochenlang zittern oder vergeblich auf dieses Stückchen Unbeschwertheit warten müssen. Und auch wenn sie das Meer mit unterschiedlichen Augen betrachteten, so waren die beiden doch auf ihre Art glücklich.

Jochen beschloss für ein paar Tage die schwermütigen Gedanken bei Seite zu schieben und umarmte Anna herzlich. Wange an Wange blickten sie auf das Meer. Sahen Möwen im Wind stehen und ins Wasser stürzen. Erfreuten sich an den Kleckerburgen der Kinder. Genossen die Spaziergänge an der Strandpromenade. Ließen die Sorgen Sorgen sein und umsorgten die Kinder mit wolliger Aufmerksamkeit und mancher Kugel Eis. Es war eine gute Idee von Jochen das Schachspiel mitzunehmen, denn stundenlang brüteten Sabine und Heinrich über dem Spielfeld und es gab keine großen Zankereien darüber, wer zuerst angefangen hatte. Heinrich verlor ein ums andere Mal, behielt aber Fassung, denn er wusste, dass Schach auch ein Spiel der Ehre war. Er tastete sich immer weiter vor und konnte hier und da eine Figur gutmachen. Sabine freute sich über jeden Fehler und nutzte ihn mit aller Macht aus. So ist nun mal das Spiel, gab sie Heinrich zu bedenken. Man könne nur gewinnen, wenn der andere Fehler mache. Sie versuchte Nachsicht und Mitgefühl zu zeigen, damit er weiter mit ihr spielen würde. Alleine Schach spielen gehe eben nicht. Sabine war hochzufrieden nicht ein einziges Mal verloren zu haben und selbst von einem Unentschieden war der kleine Heinrich noch weit entfernt. Aber er steigerte sich. Erst Mitte der Sommerferien hatte Heinrich ein wirkliches Verständnis vom Spiel. Während er zuvor von einzelnen Figuren gefesselt wurde, konnte er nun einen Schritt zurücktreten. Sah so etwas wie eine Gesamtsituation und bemühte sich nachzuvollziehen, warum sich die gegnerischen Figuren so bewegten, wie sie sich bewegten.

Es war ein verregneter Sommertag und so saßen sie in Heinrichs Durchgangszimmer im Duell verstrickt. Sabine geriet, nachdem sie bereits zwei Spiele gewonnen hatte, unter Druck und in Siegesgewissheit verlor sie leichtsinnig ihre Dame. Sofort war sie mit ganzer Konzentration zurück im Spiel und versuchte irgendwie den Rückstand aufzuholen. »Du bist« sagte sie und Heinrich schaute verdutzt auf. Er wusste, dass er dran war. Nach einer Weile des Nachdenkens erneut. »Du bist«. Heinrich setzte. Der Zug war nicht schlecht. Nach der Reaktion von Sabine erneut. »Du bist, du bist.«. »Ja, ich weiß, das musst du mir nicht sagen.«. Wieder ließ er sich nicht beirren, fragte sich aber, als sie dran war, was das soll. Mit jedem Zug folgten mehr Du-bists. Langsam wurde es Heinrich anstrengend, wieder und wieder musste er seine Überlegungen von vorne beginnen.

Nachdem er sie noch einige Male darauf hingewiesen hatte, das sein zu lassen, stellte er seine Versuche es zu unterbinden ein. Seine Züge wurden schlechter und er verlor seine Lieblingsfigur, das Pferd. Langsam stieg Wut in ihm auf, denn er wusste, dass die »Du bist, du bist, du bists« Schuld waren. So ein blöder Fehler. Aber noch lag er deutlich vorne und versuchte sich zu beruhigen. Die Du-bists, die leise aber beständig wie Regentropfen auf dem Fensterbrett aufschlugen, machten ihn zornig. Und er verlor auch den anderen Springer. Jetzt war er nur noch zwei Bauern im Vorsprung und die Chancen zu gewinnen schwanden. Erbost brauste er ihr entgegen: »Jetzt hör endlich auf damit!«. Aber wie der Regen steigerten sich die zwei zackigen Worte. Sabine gewann Oberwasser, denn ihr letztes Mittel, die Konzentration Heinrichs zu stören, ging auf. Sie war trotz leichtem Rückstand wieder siegessicher. Als Heinrich ihr dann in eine simple Falle tappte, war das Matt nur noch eine Frage der Zeit. Heinrich zog Figur um Figur vor den König, um ihn zu schützen, aber es half nichts. Er wusste, er würde gleich untergehen und unablässig prasselten die dicken Tropfen auf ihn nieder. Du-bist, Du-bist. Heinrichs Kopf glühte und mit einer böig fegenden Handbewegung riss er alle Figuren vom Spielfeld und ging aus dem Zimmer. Sabine saß erstaunt da. Sie hatte zwar nicht verloren, aber als Gewinnerin konnte sie sich auch nicht fühlen.

Heinrich brauchte einige Zeit, um sein Gemüt zu kühlen und saß in der Küche, wo Anna das Abendessen zubereitete. Königsbergerklopse mit Kapern und Salzkartoffeln. Er begriff, was Sabine getan hatte. Es war unfair gewesen ihn so zu stören. Das war dem Spiel nicht angemessen. Den Handschlag, den es nach jeder Partie geben sollte, hatte es nicht gegeben. Er vermutete, dass sie diese Du-bist-Du-bist-Taktik auch beim nächsten Mal verwenden würde, wenn es eng zuginge. Er musste besser werden, deutlich besser, so dass selbst diese Hagelattacke ihn nicht mehr stören könnte. Und er müsste lernen Ruhe zu bewahren, denn es war auch nicht richtig, das Spielfeld so rabiat leer zu räumen, auch wenn es verständlich war. Beim Abendessen, wo sie sich ausschwiegen, im Wissen darum, dass sie sich beide nicht richtig verhalten hatten, kam Heinrich die Lösung in den Sinn. Er aß gerade einen Klops und schob ein Stückchen Kartoffel nach, als er sich an das Schachbuch erinnerte.

Kaum hatten sie alle aufgegessen, schnappte sich Heinrich das Buch, vergrub sich in sein Bett und fing an zu lesen. Sabine merkte, wie er Tag für Tag las und ab und zu sogar das Schachbrett benutzte. Es war ein Schachtuch zum Ausrollen mit glänzendem Belag und großen, handgearbeiteten Figuren. Heinrich lernte viel über den Bauernkampf, festgefahrene Stellungen und was en passant bedeutete. Sabine ging oft durch sein Zimmer und versuchte dabei lässig zu wirken. Im Inneren aber baute sich Respekt und Angst um Heinrichs neues Wissen auf. Sie hatte das Buch nie gelesen. Als er sie nach einer Woche fragte, ob sie spielen wolle, sagte sie locker zu, betonte aber dann die Stärke, den Vorteil, den er durch das Buch habe. Heinrich beschwichtigte, dass da nicht viel Neues drinstünde. Er hatte gelernt, dass die Erwartungshaltung, die Psyche des Gegners von entscheidender Bedeutung war, auch wenn letztlich nur zählte, was auf dem Spielfeld geschah. Er wusste jetzt um die sechzehn wichtigsten Eröffnungen und wie man darauf reagieren kann. Und als sie die Farben per Zufall bestimmt hatten, tönte er konzentriert und mit trockenem Ton: »Weiß beginnt, Schwarz gewinnt.«.

Beide nahmen sich viel Zeit für ihre Züge und Sabine reagierte ängstlich auf jeden Zug Heinrichs. Hinter allem vermutete sie Buchwissen, eine Taktik, eine Falle. Heinrich übernahm die Initiative und ohne große Zauberei, ohne ausgefeilte Kombinationen strich er einen Figurenvorteil nach dem anderen ein. Schon nach wenigen Zügen konnte er mit der Springergabel Sabines Turm mopsen, um daraufhin zwei Bauern zu stibitzen. Sabine wusste, sie würde untergehen und gab auf. Sie wollte den Sieg Heinrichs nicht zu süß werden lassen. Sie gaben sich die Hände. Respektvoll und ehrlich. Dann rannte er ins Wohnzimmer und verkündete seinen Triumph. Fast wie Rumpelstilzchen lief er im Kreis umher und freute sich dabei diebisch über seinen Sieg. Als Sabine nach einigen Minuten ebenfalls in die Wohnstube ging, nahm sich Heinrich zurück. Er fand, dass es sich nicht gehörte, übermäßig vor ihren Augen Freude zu zeigen. Eine Frage der Ehre. Dennoch konnte er seine Begeisterung kaum verbergen. Sabine forderte Revanche, die Heinrich natürlich gewehrte.

Sie gingen zurück ins Durchgangszimmer und ließen ihre Eltern leicht verwundert zurück. Sie waren erstaunt über die neue Lebhaftigkeit Heinrichs, der sonst ein eher ruhiges und gelassenes Gemüt ausstrahlte. Die nächsten Kämpfe schienen nicht so bedeutend, denn das entscheidende Duell war erstmal ausgefochten. Sabine fand sich plötzlich in der Rolle der Hinterherlaufenden, aber sie steckte nicht auf und war bemüht sich wieder heranzukämpfen. Zu so einem eisigen Kampf mit groß aufflammenden, inneren Feuern würde es so schnell aber nicht wieder kommen. Dazu gehörten zwei Verbissene. Beide waren bemüht, hochkonzentriert und niemand würde dem anderen etwas schenken, aber es lag eine Leichtigkeit in der Luft, die aus beiderseitiger Anerkennung gespeist war. Heinrich hatte einen Sprung gemacht, dessen Wirkung ihn überraschte und etwas demütig machte. Sabine hatte gelernt, dass eine große Schwester nicht immer die Größere bleiben würde. Ohne zu sprechen hatten sie in kurzer Zeit sehr viel übereinander erfahren. Sie spürte letztlich, dass sie, trotzdem sie in schwarz und weiß getrennt worden waren, einen gemeinsamen Kampf führten, an dessen Ende entweder beide verlieren oder beide gewinnen konnten. Gemeinsam verloren sie; besser Heinrich verlor. Allerdings erst im Herbst. Durch Unachtsamkeit.

Er war impulsiver, aufgedrehter, stürmischer geworden. Nicht zuletzt war es ein Mädchen gewesen, was ihn seit Wochen beflügelte. Sie war wichtiger, als die verlorenen Schachpartien, wo er doch ohnehin das richtungsweisende Duell gewonnen hatte. Sie wohnte nur einige Hauseingänge weiter, am Ende des Blocks. Und auf dem Geburtstag vor einigen Tagen hatten sie sogar miteinander getanzt. So eine Art Rock'n'Roll. Heinrich war durch das viele Fußballspielen am Morgen, in den Pausen und oft auch am Nachmittag kräftig geworden. Er stand im Spreizschritt, sie rannte auf ihn zu, die Arme fassten sich, sie rauschte mit den Füßen tippelnd hindurch und er zog sie kraftvoll wieder empor. Das ganze mehrfach. Aber da war auch noch Emil, der das konnte. Mit ihm hatte sich Heinrich angefreundet und sie waren oft lange draußen und hatten gespielt. Die Laternen leuchteten meist schon ins Dunkel, wenn Heinrich nach Hause kam. Und sie würden auch weiter miteinander spielen, aber das Buhlen um die Aufmerksamkeit von Stefanie war eine deutliche Grenze.

Die schlanke, mittelgroße, braunhaarige Kichererbse begehrten beide. Heinrich war im Wechselbad der Gefühle. Zwischen Euphorie und Gelassenheit. Er wusste nicht wie der Hase läuft, aber irgendwie fühlte er sich sicher. Sie würde zu ihm kommen, denn er war doch ohne Frage der Tollere. Aber ohne Zutun, ohne Bemühungen und kleine, liebliche Gesten, würde es auch nicht gelingen, dachte er, als er im Klassenzimmer vor sich hinträumte. Und der Traum war gar nicht allzu weit weg von der Wirklichkeit. Gerade mal drei Bankreihen hinter ihm. Wenn Heinrichs Platz im Schiffeversenkenraster A1 wäre, saß Stefanie auf B4. Ihm ging es aber gar nicht ums Versenken. Ganz im Gegenteil. Versenken müsste er C2. Das wäre irgendwie schade. Aber Freund hin Freund her, hier ging es um die Liebe. Und da gelten die normalen Regeln nicht. Überhaupt war das mit den Regeln so eine Sache. Selten ergaben sie in Heinrichs Augen Sinn und wenn, dann wurden sie alle Nase lang gebrochen. Und was Regelnbrechen bedeuten kann, wusste Heinrich nicht nur durch das in der Ecke stehen. Auch andere brachen Regeln. Und manche Ausnahmen von der Regel hatten gravierende und schmerzhafte Folgen. Heinrich bemühte sich um innere Ruhe und drehte seinen Kopf ausnahmsweise mal nicht nach hinten. Zuviel Aufmerksamkeit ist in bestimmten Momenten auch nicht richtig. Heinrich war so in sich gekehrt, dass ihn die Worte der Lehrerin nicht erreichten. Sie wies ihn vehement zurecht, doch er starrte nach vorne – ins Nichts. Plötzlich krachte es heftig und er erschrak mit stummen Schreien. Er sah den Zeigestock, der auf dem Tisch eingeschlagen hatte. Die Klasse lachte, denn Heinrich blieb starr. Die Pausenglocke klingelte und die Lehrerin brüllte von allen überhört: »Das nächste Mal herrscht gefälligst mehr Aufmerksamkeit und Disziplin!«. Heinrich rannte zum Fußballplatz auf den Schulhof wie der Boxer zur nächsten Runde. Und es ging hart zu. Heinrich ließ die ganze Anspannung hinaus und seine Gegenspieler wahrten mehr Abstand als gewöhnlich. Sie sahen, wie geladen er heute war. Und da es hier keinen Schiedsrichter gab, wollten sie sich besser keine Verletzung abholen. Narben waren bis zu einem gewissen Alter eine coole Sache, mit denen man Mädchen imponieren konnte. Auch eine Charaktersache. Aber da sich die älteren Jungen in dem rüpelhaften Auftreten Heinrichs wiedererkannten und zu verstehen glaubten, ließen sie den kleinen Heinrich toben. Auch hatten einige bemerkt, dass häufiger dieses kichernde Mädchen am Spielfeldrand stand und waren bemüht, Heinrich gut aussehen zu lassen. So sprunghaft die Pause begonnen hatte, so schnell war sie vorüber.

Als Heinrich gerade die ersten Stufen der Außentreppe nehmen wollte, tippte Stefanie ihn auf die Schulter. »Wir haben Ausfall.« sagte sie, gefolgt von einem leisen, sanften Kichern. Das bedeutete, die Schule war für heute aus. »Ich gehe nicht mehr in den Hort. Du?« fragte sie ihn. Heinrich schüttelte den Kopf, obwohl er noch im Hort angemeldet war. Er wusste aber, dass er mit entsprechender Sturheit gegenüber seinen Eltern nicht mehr hingehen müsste. Ohnehin war für ihn dort nur die Kuschelecke von Bedeutung gewesen.

Sie gingen gemeinsam auf den Spielplatz im gemeinsamen Innenhof. Zaghaft begannen sie miteinander zu reden. Einer nannte einen Namen und der andere musste sagen, wie er ihn oder sie fand. Sie tasteten sich vom Klassenrand und über die Lehrer zu immer wichtigeren Personen vor. Die Freunde des anderen waren natürlich spitze, dazu mussten viele Worte verloren werden. Da gab es auch Nachfragen, was genau denn so toll an denen sei. Hier galt es auf der engen Fahrrinne zu schippern zwischen eigentlich ganz toll, aber hier und dadurch nicht geeignet für Liebe. Die Worte wurden zunehmend gewichtiger, bis schließlich die Emilfrage fiel. Sie hatte sie gestellt und so war Heinrich in der Antwortpflicht. Eine heikle Kiste. Sie seien gute Freunde. Er sei ja auch der Enkel von Sigmund Jähn und dadurch ganz besonders. Und er wolle ja nicht unehrlich sein, aber Emil habe es nicht so genau mit der Wahrheit. Wenn er ein Mädchen wäre, würde ihn das sehr stören. Außerdem rieche er manchmal ziemlich streng und das sei ja nicht so schön. Trotzdem würden sie, völlig egal was auch passiere, immer Freunde bleiben. Heinrich konnte Stefanies Gesicht nicht entnehmen, ob ihr seine Antwort gefallen hatte. Und so fragte er etwas unsicher und verwirrt, wie sie ihn finde. Sie stand auf und ging zu ihrem Schulranzen. Kam zurück, drückte ihm eine gefaltete Karte in die Hand und sagte, er solle sie zu Hause in aller Ruhe lesen. Dann rannte sie zur Hintertür ihres Hausaufganges und verschwand. Heinrich nahm seine Mappe und spurtete im Sauseschritt nach Hause in sein Zimmer.

Er war allein zu Haus. Hatte also Ruhe. Zumindest um sich herum. Innerlich war er total aufgewühlt. Er wusste nicht so recht und hielt es für ein schlechtes Zeichen, dass sie fortgerannt war. Sie hatte nicht mal Tschüss oder Aufwiedersehen gesagt. War vollkommen aus der Kalten losgestürzt. Jetzt musste er sich selbst einweihen. Er klappte die Karte auf. Es war eine Mickymauskarte. Mickymaus kannte er nur aus dem Westfernsehen. Und Goofy war auch drauf; dieser komische Schlaks. Er drehte die Karte und las. Sie war mit Filzstift beschrieben. Rotem Filzstift. Und er merkte, dass die Auswertung vorhin gar nicht nötig gewesen war. Die Würfel waren schon lange gefallen. Gleich der erste Satz traf ihn mitten ins Herz. Es ging um Emil und dass er sehr, sehr nett sei, aber sie liebe ihn nicht. Soweit so gut. Heinrich war etwas erleichtert, aber das Beste würde noch kommen. Er machte das, was man niemals tun sollte; er sprang in den Zeilen nach unten. Und da stand was von »wie er sie finde?«. Er sprang wieder zurück. Sie schrieb, sie machte sich Sorgen, er könne in ein anderes Mädchen verliebt sein und ob das stimme? Natürlich nicht. Heinrich schüttelte den Kopf und dann kam die Erlösung. »Ich liebe dich.«. Ganz eindeutig, rot auf weiß. Heinrich ließ sich, auf dem Bett sitzend, nach hinten fallen und genoss die pure Leidenschaft, die durch seinen Körper und seinen Kopf rauschte. Die Beule am Hinterkopf, die er sich beim Fallen auf die Bettkante zuzog, merkte er erst viel später. Er spürte den Vibrationen nach, diesen tänzelnden Schwingungen, dem Taubheitsgefühl eines gewonnenen Kampfes.

Blitzartig richtete er sich auf. So schnell wie möglich zu ihr, stand es ihm im Sinn. Er zog die Tür hinter sich zu und eilte zu ihr. Er klingelte. Nichts geschah. Sie musste doch zu Hause sein, dachte er. Vielleicht hatte sie ihre Meinung schon wieder geändert, rätselte er. Da öffnete sich die Tür und mit hochrotem Kopf stand sie vor ihm. Ohne ein Wort zu wechseln gingen sie in den Keller. Dort war es warm. Zahlreiche Heizungsrohre hingen an der Decke. Sie begannen zu spielen und zogen die Tücher oder Pappkartons der kleinen, immer gleich großen Kellerverschläge zur Seite. Dann schauten sie in den verschlossenen Keller und sagten, was sie sahen und welchen Typ Mensch so einem Keller zuzuordnen sei.

Der erste war einfach. Rasenmäher, Harke, Blumentöpfe, Erde. Ganz klar, ein Gärtner. Sie gingen weiter durch die Keller, die im ganzen Block miteinander verbunden waren. Heinrich hörte ein leises Piepen. Seine Ohren waren so sensibel, dass er sogar eine Stecknadel hätte atmen hören können. Leise schlossen sie die große, schwere Metalltür und tapsten in die Mitte des Kellergangs. Ganz sacht schob Stefanie den Vorhang ein klein wenig zur Seite. Und zu ihrer herzklopfenden Überraschung saß da jemand. Er hatte viele Apparate vor sich und große, schwarze Kopfhörer auf. Sie schauten sich verwundert an. Die Apparate blinkten und hatten viele Knöpfe. Fast wie ein kleines Raumschiff. Sie bemerkten, wie der Holzstuhl etwas zu knartschen begann. Und mit ihm der Mann. Sie sahen von hinten, wie sein Ellenbogen auf und ab ging. Erst langsam, dann immer schneller. Beiden kam diese Art der Sitzgymnastik sehr asiatisch, auf jeden Fall sehr exotisch vor. Heinrich war versucht aus einem Reflex heraus »Sport frei« zu rufen, hätte Stefanies Hand ihn nicht plötzlich berührt. Berührt, wo er sich nicht einmal selbst so berührt hatte. Er verstand sofort, dass der Mann der Einzeldisziplin dieser weit verbreiteten Sportart nachging. Er blickte zu Stefanie, denn auch wenn ein Rücken entzücken konnte, so gewiss nicht jener haarige Buckel. Sie schaute ihn verstohlen an und küsste ihn. Heinrich stand da wie eine Statue.

Durch den Hosenschlitz drohte sein Gemächt hindurch zu stoßen. Gerade als sich Heinrich entspannen wollte und in die Augen Stefanies schaute, sah er Angst. Sie ließ von ihm ab. Er war verdutzt. Hatte er was Falsches gesagt? Er hatte ja nichts gesagt. Vielleicht war das falsch? Plötzlich hörte er wieder und wandte sich dem Apparatenmann zu. Dieser war aufgesprungen. Trug keine schützenden Kopfhörer mehr und blickte Heinrich wütend und zornig an. Heinrich wollte freundlich grüßen, merkte aber, dass die Situation das überhaupt nicht hergab. Der Mann stand mit heruntergelassener Hose da. Sein Ding war ziemlich groß. Heinrich hingegen ziemlich klein. Das Ding vom Mann schien eher eine Kleinigkeit, als eine große Sache zu sein. Für manche konnte eine vermeintliche Kleinigkeit ja auch sehr viel bedeuten. Oder andersherum. Sie standen einen kurzen, langen Augenblick geistig nackig voreinander. Stefanie hatte schon begriffen und stand die Kellertür aufhaltend da. »Komm schon!« rief sie ihm zu. Heinrich sah, wie der Mann seine Hose hochzog und auf ihn zuwankte. Erst jetzt im dunklen Licht des Kellers, sah er die Zombiehaftigkeit des Mannes. Schnell rannte er los. Zusammen stürmten sie durch die Kellerflure. Und als sie in Heinrichs

Aufgang waren, eilten sie schnurstracks nach ganz oben. Sie bemühten sich leise zu atmen und schauten sich verwundert an. Ein unerwartetes Abenteuer.

Heinrich wollte das Rätsel zuerst lösen und flüsterte: »Der Keller gehört einem Zombie.«. »Totaler Quatsch!« erwiderte Stefanie leise. Das sei ein Insektenjäger, ein Schädlingsbekämpfer. Heinrich guckte sie kritisch an, denn so hatte er sich einen Insektenjäger nicht vorgestellt. Eher jemanden mit Flöte und einem blauen Dreieckstuch um den Hals, der tanzend und musizierend die Ratten und alles aus der Stadt lockte. Stefanie aber war sich ihrer Sache sicher. Zombies gäbe es nur in Filmen und wenn es welche gäbe, würden die nicht Sport frei in ihrer Hose spielen. Heinrich beharrte auf seiner Position. Der sei tagsüber ganz friedlich und nachts würde er zum Monster. Oder andersherum. Es gäbe schließlich solche und solche. Und auch liebe Zombies, zumindest ein paar müsse es wohl geben. Und so ging es einige Zeit im leisesten Flüsterton hin und her. Bis sie jemanden die Stufen hochkommen hörten. Sofort verstummten sie. Sie atmeten leise und angestrengt. Heinrich lugte durch die Gitter. Ein Zombie. Die Schritte kamen immer näher. Still und starr saßen sie vor der letzten Tür. Er würde sie finden. Vorbeirennen wäre eine Möglichkeit, aber einen würde er festhalten können. Das war keine Lösung. Beide oder niemand. Alles oder nichts. Den anderen im Stich lassen; unmöglich, nicht bei den beiden. Vielleicht könnten sie springen, denn immerhin gab es unten ein Auffanggitter. Allerdings ziemlich hart. Das würden sie nur schwer verletzt, wenn überhaupt überleben. Dann lieber das Blut aussaugen lassen und auch zum Zombie werden. Beide nickten sich zu. Den Mund halten, egal was passiert und lieber Zombie werden, als sterben. So zumindest verstand Heinrich die Geste.

Weiter hallten die Schritte im hellhörigen Treppenhaus. Stefanie dachte, es wird schon und dass man sie nicht finden würde. Dann war es soweit. Da stand er, mit schwarzen Schuhen und dem verzückenden, silbernden Silberblick eines

Goldfisches. Ein Goldfisch muss (musste) alles aufschreiben, denn sein Gedächtnis ist arg begrenzt und vergisst schnell. Sich schnell vergessen ist eine traurige Sache. Sie sahen, wie er den Notizblock aus der Tasche holte und den Kugelschreiber knipste. Es war ein anderer Zombie. Es klingelte. Sie sahen ihn leicht seitlich, wenn auch mehr von hinten. Eine junge, alt gebliebene Frau öffnete. »Einen wunderschönen Tag« krachte sie ihm und sich glaubwürdig entgegen. Sie solle ihn entschuldigen und er bat sie ein paar Fragen zu beantworten. Die rüstige Schrulle, die alle im Aufgang liebevoll Hexe nannten, machte dem gut aussehenden Zombie schöne Augen. Ihr Gatte sei nicht da, ob er nicht einen Moment reinkommen wolle. Der silberne, silbernde Goldfisch war verwirrt und lehnte ab. Im Normalfall hätte er nie abgelehnt, denn es war sehr wertvoll für seine Arbeit nach drinnen zu kommen. Aber er hatte ohnehin alle Schlüssel und könnte sich alleine besser umsehen. Er formulierte nach ein paar Schönwetterfragen seine eigentliche Frage. Mit der klar zu verstehenden na-sie-wissen-ja-schon-was-ich-damit-meine-Betonung fragte er, ob der Vater von Heinrich denn sauber sei. Überhaupt, ob die Familie sauber sei. Die Hexe, mit der Feinfühligkeit einer Bohrmaschine, antwortete ruhig, sachlich und beflissen. »Das ist eine ganz saubere Familie.«. Ein bis zweimal die Woche höre sie den Staubsauger. Auch das Treppenhaus machten sie ordentlich und pünktlich, ganz dem Plan entsprechend, sauber. Gut, die Kinder seien manchmal schmutzig und versandet, was es bei ihr ganz sicher nicht geben würde. Der kleine Junge sei eher ein Dreckiger. Im Großen und Ganzen aber sauber. Stefanie fühlte sich in ihrer Überlegung bestätigt. Schädlingsbekämpfer. Der Insektenjäger war baff. Mit so einer Antwort hatte er nicht gerechnet. Sonst wurden die Leute kleinlaut und zeigten großen Respekt (Angst) vor ihm. Diese Frau hingegen war so treudoof und naiv, dass es fast an Dachschaden grenzte. Der Jäger hatte keine Fragen mehr. Er packte den Block ein, knipste den Kuli zum Schweigen und ging, nachdem er sich floskelhaft freundlich verabschiedet hatte, nach unten. Heinrich und Stefanie atmeten tief durch im frisch gewischten Treppenhaus. Sie schauten noch eine Weile nach oben, durch die milchige Scheibe, die den blauen Himmel verbarg. Dann küssten sie sich. Heinrich mochte es sehr und genoss das tosende Gefühl ihr Herz erobert zu haben. Sie verabschiedeten sich und Stefanie ging nach Hause.

X

Heinrich ließ den ganzen Rambazamba nochmal vorüberziehen und schwelgte mit milchig getrübtem Blick gen Blau und Weiß. Er sah den Mund von Stefanie vor sich. Und er entsann sich eines ganz besonderen Mundes, den er bei einer Freundin seiner Oma gesehen hatte. Sie waren zu Besuch bei ihr gewesen und an der Wand hing ein riesiger Kussmund aus Plaste (Plastik) mit einer großen Zigarette daran. Und der Mund und alles leuchtete und die Zigarette glimmte. Er hatte nicht schlecht gestaunt, obwohl er Zigaretten und vor allem den Geruch nicht leiden konnte. Anna und Jochen rauchten immer sehr viel und jedes Mal fingen Heinrich und Sabine an zu meckern wie die Rohrspatzen, die nach Essen krakeelten. Manchmal sahen sie darüber hinweg, aber wenn es zu sehr stank, war es ein gefundenes Fressen allen Unmut und alle Ängste, die sich in ihnen angestaut hatten, loszuwerden. Heinrich wurde ohnehin immer aufmüpfiger, immer lauter, immer rebellischer. Wenigstens rauchten sie nicht im Auto. Und selbst wenn sie es jetzt getan hätten, wäre keine Beschwerde gekommen. Heinrich und Sabine merkten, dass eine ganz besondere Stimmung herrschte. Eine einzigartige, ruhige Form kompletter Entfesselung, demütiger Euphorie.

Der Trabi hätte ganz ohne Benzin fahren können, so viel Energie lag in der Luft. Sie könnten es kaum glauben und sie müssten es erst mit eigenen Augen sehen. Die Oma hatte schon allerlei Obst und Krams mitgebracht. Mehr als sonst und ohne Gefahr beim Schmuggeln erwischt zu werden. Alles erschien anders. Die vormals kargen Felder lagen zwar immer noch karg und ausgemergelt da, aber es bestand Hoffnung, dass sie schon morgen oder spätestens übermorgen in voller Blüte stehen würden. Blühende Landschaften auch ohne Wasser und Arbeit. Elektrifizierte Spannung. Der Trabi kam zum Stehen.

Alle stiegen aus und sahen, dass schon viele Menschen da waren. Es stimmte also. Jochen ging zum Kofferraum und holte zwei Pickel aus Metall und einen Hammer heraus. Den anderen Hammer hatte er vor Aufregung zu Hause vergessen.

An einer langen, langen Wand standen viele, viele Menschen. Alle waren damit beschäftigt an der Wand herumzuklopfen. Ein Orchester aus Hammergeräuschen. Alle standen an der farbenfrohen Seite. Auf der grauen Seite war niemand mehr zu sehen. Jochen ging mit Heinrich zur Mauer. Er hielt ihm den Pickel entgegen, der rot bemalt war. Heinrich holte aus und schlug mit dem Hammer punktgenau auf das matte Rot. Sofort platzte ein Stückchen Mauer heraus. Jochen steckte es in seine Tasche, um es später einmal Heinrich zu schenken, wenn er groß sein würde. Heinrich sah sich um. Er fand es schade, dass die schönen Kunstwerke kaputt gemacht wurden, aber diese Form der Zerstörung schien die Leute über die Maßen glücklich zu machen, so dass Heinrich sich aufmachte, um ein großes Stück Mauer zu finden.

Er sah nicht weit entfernt Mauerteile, die auf Tüchern lagen. Auf einem großen, weißen Laken sah er einen Brocken, der fast alle Farben des Regenbogens auf sich versammelt hatte. Sofort stürmte er darauf zu und packte das Stück mit beiden Händen. Es war schwer. Und als Heinrich mit kräftigen Schritten losging, brüllte ein großer, dicker Mann: »Halt, stehen bleiben, das ist meiner!«. Heinrich drehte sich um und schaute ihn ungläubig an. Es war doch genug Mauer für alle da. Er müsse dafür bezahlen, wenn er ihn haben wolle. Heinrich ließ den Brocken fallen, woraufhin der dicke Mann sein Gesicht verzog. Das Regenbogenstück war ihm auf den Fuß gefallen. Aber es tat nicht allzu sehr weh. Vielmehr war es der Schock über diesen Frechdachs gewesen, der die leichte Prellung des großen Zehs schmerzhaft machte. Jochen zog Heinrich weg und erklärte ihm, dass der Mann die Mauer verkauft. Heinrich verknitterte die Stirn. Er solle zur Mama gehen. Heinrich beobachtete am Rockzipfel von Anna das euphorische Picken und Hacken.

Er hatte eine Flagge vor Augen, auf der ein Hammer und ein Zirkel (Hammer und Sichel) zu sehen waren und fragte sich, warum die Leute nur mit den Hämmern gekommen waren.

Heinrich lief der Schnodder aus der Nase und, wie so üblich in letzter Zeit, zog er ihn kraftvoll nach oben. Zigmal hatte man ihm gesagt, was passieren würde, wenn er das tue. Aber er wollte nicht hören. Es war kalt, obwohl die Sonne schien. Nochmals ratschelte er die zähe Suppe durch den Nasengang hinauf. Jochen kam mit zwei schweren Säcken voll von Mauerstücken auf Anna, Sabine und Heinrich zu. Sie gingen zum Auto zurück, luden die Säcke ein und fuhren los. Sie blieben an einer Ampel stehen. Jochen kurbelte die Scheibe runter, als das Seitenfenster des anderen Autos wie von Geisterhand nach unten ging. »Herzlich Willkommen!« tönte eine liebevolle, offenherzige Stimme herüber, die einem Mann im Pinguinkostüm gehörte. »Vielen Dank!« rief Jochen zurück. Dann wurde auch schon orange und grün. Mit lächelnden Gesichtern nickten sie einander zu. Der Trabi knatterte los, ohne Chance mit der hübschen, schicken Westkarosse Schritt halten zu können.

Zuhause angekommen ließen Anna und Jochen die Sektkorken knallen. Ein Tag zum Feiern. Doch Heinrich war gar nicht in der Stimmung. Ganz im Gegenteil. Seine Stirn war verkrampft und sein Kopf stand unter Hochruck wie ein erhitzter Dampfkessel ohne Ventil. Er kam ins Wohnzimmer, stammelte noch Kopfschmerztabletten und fiel vornüber. Sofort sprangen Anna und Jochen auf. Sie rüttelten ihn und schauten ihn tief besorgt an. Erneut schien ihnen eine Hals über Kopf Aktion bevorzustehen. Doch Heinrich öffnete nach wenigen Sekunden die Augen. Etwas Blut strömte aus seiner Nase. Der Fall hatte den verstopften Nasengängen gut getan und so konnten alle, nach ein paar Minuten des Schocks, wieder lächeln. Anna ging mit Heinrich ins Bad und stillte mit einem kalten Waschlappen die Blutung. Die dampfkesselmäßigen Schmerzen waren verschwunden. Anna brachte ihn ins Bett, mahnte ihn zur Ruhe und ging zurück in die Wohnstube (Wohnzimmer).

Jochen war im Sessel versunken und schwelgte in den ungeahnten neuen Möglichkeiten. Er dachte an damals, als er über Ungarn fliehen wollte. Dachte an die Fesseln des Familiendaseins, die ihn zur Ruhe gezwungen hatten. Freute sich wie ein kleines Kind über einen riesigen Eisbecher mit Erdbeeren und extra viel Schlagsahne. Plötzlich waren die Mauern des Gefängnisses wie weggeweht. Alle Insassen und alle Wärter fanden sich auf einer grünen Wiese wieder, bereit zu neuen Taten. Bereit nochmal von vorne zu beginnen.

Dass alles so rasch kam, hatte sich Jochen mit größter Hoffnung nicht träumen lassen. Nicht, dass es nicht irgendwie absehbar war. Aber eingestellt war er darauf nicht gewesen. Anna hingegen war skeptisch. Natürlich war auch sie froh, dass die Beklemmungen des selbstauferlegten und erzwungenen Maulkorbs vorüber schienen. Dass sie jetzt die Welt bereisen könnten und sich allerlei schicke Dinge und Anziehsachen würden kaufen können. Doch ein Bauchgefühl des Zweifels war in ihr. Alles war auf einmal vage geworden. Die klar geplante Zukunft der Familie dahin. Und vielleicht würde es bald neue Mauern geben, dachte sie.

Erst das Korkenknallen der zweiten Flasche Westsekt und die Überlegungen, was sie mit dem Begrüßungsgeld machen könnten, besänftigte ihr nachdenkliches Gemüt ein wenig. Immer wieder sagten sie sich, dass sie es noch gar nicht glauben könnten. Das erste, was sie machen würden, wäre die Verwandtschaft in Westberlin zu besuchen. Onkel Alfred. Sie hatten ihn schon zweimal gesehen, als er zu Besuch gekommen war. Mit Apfelsinen und richtigem Kaffee im Gepäck hatte er sie besucht, als die Kinder noch ganz klein waren und Heinrich in seinem Gestell eingeschnürt gewesen war. Aber noch nie hatten sie seine Frau, seine Kinder gesehen. Und auch keine Westwohnung. Der goldene Westen sei nicht so goldig, wie man glauben könnte, hatte Oma Liesbeth immer wieder betont. Das sei kein Land der Paläste, wo das Glück wie Unkraut an jeder Ecke wachse. Dennoch, die Spannung darauf war sehr groß. Sie würden ins Kaufhaus gehen. Ein wahres Schlaraffenland sei das, hieß es von den meisten. Kein wochen- oder monatelanges Warten mehr, kein Feilschen auf dem Schwarzmarkt. Nehmen, bezahlen und fertig. Die Kinder würden die Vitamine bekommen, die sie bräuchten. Kaffee der kernig und kraftvoll schmeckte und endlich Schluss mit dem (ekligen) nüchternen Muckefuck. Wie die Könige würden sie es sich gut gehen lassen. Ausgelassen schlemmen und das Leben in vollen Zügen genießen können. Sie waren so in Phantasien verstiegen und so aufgewühlt, dass sie (in dieser Nacht) kaum ein Auge zubekamen.

Mit wenigen Mützen Schlaf holten sie in übermüdeter, aber ausgelassener Freude die Kinder aus den Betten. »Wir fahren jetzt in den wilden Westen« verkündete Jochen mit Stolz geschwellter Brust. Heinrich war begeistert. Er dachte an Indianer, an Flitzebogen und Cowboys mit Lederhüten. Als sie dann ins hell erleuchtete, ersehnte Land kamen, wo es super viel Bling Bling und zig verschiedene Autos gab, wurde ihm klar, dass Jochen kein wüstenhaftes Eldorado (El Dorado) gemeint hatte. Erst war Heinrich etwas enttäuscht.

Aber die Westwohnung war auch eine spannende Welt. Großgeschnittene Räume mit mindestens doppelt so hohen Decken wie zu Hause. Eine kleine Bar mit Barhocker. Riesige Doppeltüren. Eine Wohnung zum Verlaufen. Nicht so eine Schlauchwohnung, sondern vertrackt und urig eingerichtet. Ein achteckiger Flur. Nur der Raum von Alfreds Sohn hatte was von Osten. Eine Matratze auf dem Boden, eine Anlage, ein Fenster. Kein Tisch, kein Regal, kein Schrank. Heinrich war fasziniert. Von vielen Dingen, aber vor allem von Alfred und seinem Sohn Hugo. Von Alfred, weil er richtig fein angezogen war und weil er, trotzdem er fast blind war, genau wusste, wo sich etwas befand. Das Spielzeug auf dem Boden, über das Jochen, obwohl er ja sehen konnte, gestolpert war, war kein Problem für Alfred. Ohne wild herumzutasten öffnete er das Fenster und immer schien es so, als ob er einem in die Augen schaute.

Von Hugo, diesem schlanken Blondschopf war er begeistert, weil er alles Unnötige an Gegenständen aufgab. Und das, was er behielt, war vielleicht, ja gerade weil er nicht viel hatte und haben wollte, umso spannender. Ein Schweizer Taschenmesser. Alles Mögliche konnte man damit machen. Flaschen öffnen und sogar Bretter zersägen. Und ein großes Messer war auch dran. So viel Nützliches an einem kleinen Ding. Und das andere war das Feuerzeug. Nicht, dass er das nicht schon kannte, denn Jochen hatte auch so ein ähnliches Benzinfeuerzeug, welches auch im größten Sturm nicht erlöschen würde. Aber Hugo war offenbar nicht nur ein asketischer, sondern auch ein mutiger Junge. Mit einer flüssigen, aufklappenden Bewegung entzündete er die Flamme und zog dann die Hand durch die Flamme. Erst schnell, dann ganz, ganz langsam. Es hatte etwas Magisches. Und Heinrich zögerte nicht und versuchte es, um sich sogleich die Finger zu verbrennen. Dass es langsam nur mit angeleckten Fingern ging, hatte er ihm erst nach dem schmerzlichen Versuch erklärt. So lernte Heinrich durch Hugo, wie schnell man sich die Finger verbrennen kann.

Eine große Freude hallte durch die Wohnung. Alfred rauchte Pfeife und schenkte Kognak ein. Der Rauch der Pfeife war nach Heinrichs Geschmack. Sabine klebte die ganze Zeit an Jochens Hacken. Für sie war das alles so überwältigend neu und anders, dass sie mit ruhigen Bewegungen der Augen alles mosaikhaft ertastete. Auch sie war fasziniert von Alfred, der lebhaft Anekdoten erzählte und immer wieder seine Freude kundtat. Endlich sei Deutschland wieder ein Land. Die Familie nicht mehr zerrissen. Die Unterdrückung zu Ende. Das sei eine ganz, ganz tolle Sache, erklärte er Sabine und wollte ihr die Ängstlichkeit nehmen, die ihr auf der Stirn geschrieben war. Mit der Pfeife spielend und munter paffend erklärte er Anna und Jochen, was er für wichtig hielt. Die Bildung der Kinder und wie man die finanzieren könne. Die Arbeiter- und Bauernfängerei, die bestimmt kommen werde. Die Illusion des Lottospielens, der Kampf um den Arbeitsplatz und die Angst vor dessen Verlust.

Der Umgang mit Kredithaien. Vom Einfamilientraumhaus als Alptraum. Und und und. »Der goldene Westen bringt dir nichts auf dem Silbertablett vorbei« sagte er mit verkniffenen Gesichtszügen. Anna und Jochen hörten gebannt zu. Alfred mochte das Geschichtenerzählen und hoffte, dass ihnen dieser Schnellkurs einige absehbare Probleme der neuen Welt würde umschiffen lassen können. Letztlich gab er zu verstehen, dass es keine Frage von Kapitalismus oder Sozialismus, sondern von Menschlichkeit sei und bevor er weiter ausholen und sich erklären konnte, kam Heinrich zu ihnen herüber.

Er hielt sich den Kopf, der brummte und krachte wie eine entgleiste Straßenbahn. Anna nahm ihn in die Arme und tröstete ihn. Jochen ließ sich währenddessen den Weg zum Krankenhaus beschreiben und brauste so schnell im Trabant von dannen, dass man meinen konnte, die himmelblaue Farbe des Trabants würde verblassen. Heinrich wimmerte vor Schmerz. Hätte er doch nur auf die Ratschläge gehört und geschnaubt. Erst jetzt, wo es ihn schmerzte wie ein Bohrer, der auf den Nerv stößt, reifte die Erkenntnis. Erst jetzt begriff er, dass er nicht einfach alles hochziehen konnte. Irgendwo musste das Sammelsurium an Popeln ja hin sein. Und er spürte unausweichlich, wo sich der bunte, grün-gelblich-braune Haufen an Rotze gesammelt hatte. Alles war in seinem Kopf.

Eilig ging Jochen mit ihm in die Notaufnahme, wo sie von einer freundlichen, übernächtigten Ärztin empfangen wurden. Nachdem Jochen kurz und knapp berichtet hatte, was vorgefallen war, holte die Ärztin eine zwanzig Zentimeter lange Metallnadel. Heinrich fühlte sich fast an die Häkelnadeln seiner Mutter erinnert, als ihm klar wurde, dass das Ding jetzt in seine Nase sollte. Ihm lief ein Schauer über den Rücken und er musste sich schütteln. Er hatte diese Nadel-in-die-Nase-Androhung für ein Märchen, für einen schlechten Traum gehalten, so wie es hieß, dass wenn man beim Schielen erschreckt würde, die Augen quasi einfrieren würden. »Das kann jetzt ein wenig ziepen« warnte die Ärztin ihn vor, als sie mit tattriger Hand die Nadel nach oben schob. »Ein wenig« war mehr als untertrieben und Heinrich stiegen die Tränen in die Augen. Nachdem eine ganze Nierenpfanne mit Schleim- und Popelsuppe gefüllt war, musste er noch dutzende Male ausschnauben. Kleine, krustige Teile und jede Menge rötlich-brauner Suppe bildeten den Abschluss dieses überaus unappetitlichen Verfahrens. Mit faltiger Stirn, leicht zugekniffenen Augen und gespitztem Mund sah Heinrich die Ärztin böse an. Diese wandte sich umgehend ab und überreichte den Lolly wie eine Art Tapferkeitsmedaille. Heinrich lehnte stur ab. Von Leuten, die mit langen Nadeln in seiner Nase stocherten, wollte er nichts annehmen. Und aus einem Solidaritätsgefühl gegenüber Heinrich lehnte auch Jochen ab, nichts dafür zu bezahlen. Das sei schon in Ordnung. Es sei ihr persönliches Willkommensgeschenk. Ich bin aber kein almosenbedürftiger Zonendödel, dachte Jochen und bestand darauf, die Rechnung zu begleichen. Vergebens. Die Ärztin drückte sie mit einem Kompliment nach dem anderen hinaus. Jochen war darüber etwas mürrisch, aber wichtig war, dass es Heinrich jetzt besser ging.

Als Belohnung für diese Tortur fuhren sie in einen riesigen Spielwarenladen und er bat Heinrich, sich Einwas auszusuchen. Ganz egal was. Heinrich lief durch die Regalreihen. So viele Dinge, die er noch nie in seinem Leben gesehen hatte. Hunderte von Kuscheltieren, Puzzeln, Actionfiguren. Nach einiger Zeit griff er einfach zu und hielt ein weißes Auto in der Hand. Ferngesteuert. Mit Kabel an dem eine Fernsteuerung war. Aber mit Sicherheit eines der abgefahrensten Spielzeuge, die man haben konnte. Der Brummkreisel früherer Tage war sicher eine unvergesslich schöne und farbenfrohe Sache; auch der Holzklotzkasten war super gewesen. Aber so was wie dieses Auto würde keiner haben. Und er könnte überall damit langfahren. Mit großem Tamm Tamm und viel Brumm Brumm. Jochen war begeistert von der unbändigen Freude Heinrichs. Die Kassiererin versuchte freundlich zu sein, aber Umsatz hin, Umsatz her, langsam nervten diese grinsenden Bauern, fand sie. Nicht, dass sie was gegen die Wende hätte, aber sie fand doch, die mögen lieber drüben fröhlich sein. Jochen sah, dass die Frau überarbeitet war und ohnehin hatte er zum Rumschäkern keinen Nerv und keine Zeit.

Sie fuhren zurück zur Westverwandtschaft und holten Anna und Sabine ab. Anna war erleichtert und hoch erfreut Heinrich in die Arme schließen zu können. Mit enthusiastischer Stimme berichtete er vom neuen Auto. Die Nadel-in-die-Nase-Sache war schon fast vergessen. Jochen merkte, wie Sabine etwas neidisch, dann bockig zu werden drohte und verkündete, dass auch sie sich was Tolles aussuchen könne. Zusammen fuhren sie in ein vierstöckiges Kaufhaus. Sie staunten allesamt, als wären sie in einen alten, historischen Tempel getreten, in dem die pure Glückseligkeit wohnte. Zerteilt und verpackt in kleine Häppchen. Alles war hell erleuchtet, nicht wie im Konsum um die Ecke, wo ein paar nackte Glühbirnen das Obst und Gemüse der umliegenden Höfe anstrahlten. Hier gab es Früchte aus aller Herren Länder. Anziehsachen in unzähligen Größen, Farben und Schnitten. Mit offenen Mündern gingen sie durch die Reihen. Es reichte nicht nur bis zur Faszination, sondern gleich bis zur ungläubigen Sprachlosigkeit. Der Westen war goldig. Nicht alles war erschwinglich, aber sie brauchten weder alles, noch wollten sie alles. Sie liefen wie in Trance durch die heiligen Hallen umher. Ohne Ziel und ohne Sinn.

Dann machte Sabine auf sich aufmerksam. Sie wollte sich was Schönes aussuchen. Ab zur Kinderabteilung. Anna pries vergeblich die schönen Anziehsachen an, denn Sabine wusste, was sie wollte. Eine Puppe aus Plastik. Blond und schlank. Am besten gleich mit Mann dazu. Jochen begleitete Sabine durch die Regalreihen. Nachdem sie sich ein wenig umgeschaut hatte, hielt sie ihm eine Pappbox mit durchsichtiger Plastikfolie entgegen. Der Preis war nicht gerade niedrig, aber was man verspricht, muss man auch halten. Jochen versuchte zwar noch Sabines Blick auf andere Puppen umzuschwenken, aber zwecklos. Das idyllische, gut trainierte und bildhübsche Paar wollte sie haben. Adam und Eva in modern; nur ohne Schlange musste es sein. Sie gingen zur Kasse und bezahlten. Große Freude bei Sabine. Zum Abschluss ging es in die Süßigkeitenabteilung. Jochen beherzigte den klugen Rat Alfreds, das Geld nicht in übereifriger Euphorie aus dem Fenster zu werfen. Auch im Westen müsse man für Geld arbeiten, sagte er eindringlich. Nichtsdestotrotz würde die Zeit abgezählter Schokoladenstückchen vorbei sein. Mit leichtem Kopfschütteln sahen sie die große Halle, die ausschließlich mit Süßigkeiten gefüllt war. Und auch wenn Sabine und Heinrich gerne von jedem wenigstens eins mitgenommen hätten, wussten sie sich zu bescheiden. Ein paar Tüten Bonbons, ein paar Tafeln Schokolade, etwas Marzipan, etwas Lakritze und ein paar dutzend Lutscher. Das kleine Einkaufsnetz war voll. Es war Zeit zu gehen. Zu viel Glückseligkeit wäre auch nicht gut für die Zähne. Durch entschiedenes Auftreten und geschicktes Vertrösten auf ein anderes Mal, lotsten sie die Kinder aus dem Laden.

Heinrich fühlte sich an seine Träume erinnert. Es war ihm als löse jeder einzelne Bonbon, jede Schokolade, jede glitzernde Süßigkeit ein Déjà-vu aus. Eine Ahnung schon mal hier gewesen zu sein. Ein klares Empfinden, die Situation schon mal erlebt zu haben. Ein deutliches Zeichen in die Zukunft blicken zu können. Traumhaft.

Auf der Rückfahrt im Auto rätselte er, was das zu bedeuten hatte. Ihm schien es, als hätte er in die Zukunft und in die Vergangenheit geschaut. Kurze Momente der Einsicht in das, was passieren würde. Wie das mit den Träumen zusammenhing, war ihm schleierhaft. Aber er würde darüber nachdenken und packte es in die Schublade »Aufgeschoben, aber nicht aufgehoben«. Dafür würde es eine Lösung geben. Und er hoffte, dass er nicht erst erwachsen sein müsste, um das zu verstehen. Nun galt es erst einmal Lakritze zu kosten. Er nahm einen kleinen Bissen dieser zusammengerollten Schnur zu sich. Es schmeckte sehr eigenartig. Deftig und doch irgendwie süß. Ein versteckter Hauch von Bitternis. Und ulkig; zwischen klebrig weich und anfänglich hart. Die sonderbarste Süßigkeit, die Heinrich bisher kennengelernt hatte. Auch die Art und Weise, wie sie verpackt war, fand er bemerkenswert. Man konnte in die durchsichtige Plastiktüte hineinschauen und klar ersehen, was einen erwarten würde. Eine Art schwarze Schnecke. Aber wenn man es in den Mund nahm, merkte man, dass zwischen dem, was man sah, und dem, was man schmeckte, ein gewaltiger Unterschied bestand. Das Lutschen von Lakritzschnecken gab eine Ahnung, aber erst als man es kaute und schluckte, spürte man die Andersartigkeit. Am deutlichsten wurde es mit geschlossenen Augen. Das Ansehen mit den Augen und das Schmecken mit dem Mund war demnach etwas, was man selbst mit Siebenmeilenstiefeln nicht überbrücken konnte. Heinrich dachte sehr angestrengt darüber nach. Stefanie sah auch anders aus, als sie schmeckte. Er sah schnell ein, dass er Stefanie aber nicht würde essen können. Irgendwann würde kein Stück Stefanie mehr da sein und die Augen würden enttäuscht ins Leere schauen. Es müsste also einen nicht unwesentlichen Unterschied zwischen Süßigkeiten und Menschen geben, fiel Heinrich auf. Die einen könne man hundertfach herstellen, die anderen gäbe es nur ein einziges Mal. Obwohl es ja auch Zwillinge gab. Heinrich merkte, dass die Dinge doch komplizierter wurden, als er zuvor immer angenommen hatte. Mehr und mehr Indizien sammelten sich an, dass es schwieriger sein würde Ordnung in die Welt zu bringen. Dennoch blieb er überzeugt davon, alle Probleme in sich und aus sich selbst heraus lösen zu können. Er musste jetzt nur damit rechnen, längere Nachdenkzeiten einzuräumen.

Dieser Mann mit den Krücken, den er jeden Morgen auf dem Weg zur Schule sah, beschäftigte ihn. Wo er zuvor überzeugt war, dass es sich um einen fröhlichen Menschen handelte, sah er nun auch sorgenvolle Gesichtszüge. Er grübelte darüber nach, ob es im Westen nicht vielleicht schon ein Fahrrad gab, was man mit Krücken in Schwung halten konnte. Vielleicht konnte der magische Hugo da weiterhelfen. Aber allein mit einem Benzinfeuerzeug und einem Schweizer

Taschenmesser würde das wohl nicht zu machen sein. Und als er sich gerade an die Schmerzen der heißen Flamme erinnerte, sah er den Bonbon-Jungen am Schultor stehen. Alle nannten ihn so, weil er immer Bonbons verschenkte. Wie ein Automat spuckte er einen Bonbon aus, wenn man etwas Lobendes zu ihm sagte. »Wir sind Freunde« hörte Heinrich die meisten sagen. Schwupp gab es einen Bonbon. Ich werde dich heute nicht verprügeln. Schwupp, schwupp. Bonbons. Heinrich fand das unehrlich. Außerdem war er nicht sonderlich interessiert an Bonbons in Glitzerpapier. Immer wenn er Glitzerpapierlutschis sah, wurde ihm flau im Magen. Heinrich fand auch erstaunlich, dass niemand den Bonbon-Jungen leiden konnte. Hinter seinem Rücken erzählte man die schlimmsten Geschichten über ihn. Sein Vater sei ein General bei der Armee, der seine Frau verprügle. Und der Bonbon-Junge sei ein Lügner und er habe sogar mal ein Mädchen erstochen. Aber das sei nie rausgekommen, weil sein Vater so ein hohes Tier sei. Heinrich wurde stutzig, denn die Geschichten waren immer ein wenig anders. Mal habe er sie erstochen, mal habe er sie ertränkt. Und einer behauptete sogar, er habe sie überfüttert. Tausende von Bonbons habe er sie essen lassen, bis ihr der Bauch geplatzt sei. Heinrich beschloss der Sache auf den Grund zu gehen. Er wollte zu ihm gehen, als plötzlich aus allen Richtungen Bonbons auf den Bonbon-Jungen angeflogen kamen. Wie auf einer Blechtrommel schlugen sie auf ihn ein und rasselten auf den schwarzen Teerboden nieder. »Wir haben jetzt selbst Bonbons« herrschte ihn ein Junge an und knallte ihm eine Tüte voll Eisbonbons ins Gesicht. Angestachelt durch den Frontalangriff flogen von allen Seiten die Geschosse.

Heinrich stand etwas abseits mit fassungslosem Gesicht da. Er konnte nicht helfen, und sah ratlos und erschüttert zu, wie sich das Blechtrommelgeräusch verstärkte. Nachdem ihn mehrere Geschosse am Kopf getroffen hatten, flackerten seine Augen nach oben und er sank zu Boden. Der Kreis der Werfenden zog sich schnell zu und sie traktierten den unregelmäßig zuckenden Körper. Erst als er regungslos dalag und das Blut die Schuhe der Werfenden erreichte, rannten alle weg. Heinrich stand erst ein paar Sekunden schockiert da. Er wusste nicht, wo oben und unten ist. Dann lief er zu ihm. »Aufwachen, aufwachen!« sprach er energisch auf ihn ein. Aber keine Reaktion. Heinrich legte seine Hand auf den blutverschmierten Kopf, um ihn zu streicheln, als ihn eine Hand am Arm packte und ruckhaft nach hinten zog. Es war der Hausmeister. »Ich kümmere mich darum. Geh in deine Klasse!« sagte er mit ruhigem, aber bestimmten und bestimmenden Ton. Heinrich wollte nicht, denn er wusste nicht, ob er dem Hausmeister vertrauen konnte. Erst als der Bonbon-Junge die Augen öffnete und der Hausmeister mit sanfter, rauer Stimme sprach: »Mach dir keine Sorgen, es wir alles wieder gut!«, fasste Heinrich etwas Zutrauen. Der Hausmeister nahm den Bonbon-Jungen in seine Arme, drückte ihn an seinen Blaumann und verschwand mit ihm im Schulgebäude. Heinrich betrachtete den Blutfleck und die unzähligen Bonbons, die ihn umgaben. Es sah fast aus wie eine Sonne im Abendrot, umgeben von glitzernden Sternen. Heinrich wurde flau und mit schwankenden Schritten und blutbefleckten Händen ging er in seine Klasse.

XI

Er kam leicht umhüllt vom Schock hinein und sah mit Verwunderung und großer Freude Mika. Sein bester Freund aus Kindergartenzeiten. Ein Wechselbad der Gefühle. Sofort erkannten sie sich und lächelten einander zu. Mika war sehr froh ihn zu sehen, ein bekanntes und geschätztes Gesicht. Heinrich war auch begeistert, wenn er auch noch nicht recht fühlen konnte.

Mit so einem Schulbeginn hatte er absolut nicht gerechnet. Jochen hatte zwar gesagt, dass sich in nächster Zeit in der Schule einiges ändern würde, aber so schnell und so heftig hatte er sich das nicht vorgestellt. Mika stand vor der Klasse und stellte sich vor. Er spiele gerne Fußball. Und Mathe sei sein Lieblingsfach. Die liebenswerte Elephantin war verwundert über die Unruhe in der Klasse, die noch über den Vorfall mit dem Bonbon-Jungen tuschelte. Mika war etwas unsicher, aber er ließ sich nicht aus der Ruhe bringen. Außerdem war ja Heinrich da, der ihm ein Gefühl der Geborgenheit vermittelte. Von dem Zeitpunkt an als sie sich sahen, wussten sie, dass alles gut würde. Was auch passierte, von diesem Tag an würden sie zueinanderhalten wie Pech und Schwefel, wie Lolek und Bolek; die lustigen, polnischen Figuren, die allerlei Abenteuer erlebten und immer füreinander da waren. Der einzige freie Platz in der Klasse war neben Heinrich. Die Elephantin hatte ihn einzeln gesetzt, weil Heinrich in den letzten Monaten immer lauter und stürmischer wurde. Die Federtaschen der Mädchen waren seine beliebtesten Beuteobjekte. Sie war erstaunt über diesen Wandel. Wo sonst so ein ruhiger und in sich gekehrter Junge da saß, war nun ein kippelnder, polternder, beinahe rebellischer Tunichtgut. Beim alljährlichen Besuch im Elternhaus hatten sich auch Jochen und Anna erstaunt gezeigt. Nur Jochen knirschte mit den

Zähnen, denn er schien eine Ahnung zu haben. Frau Freystein schien Mika genau der Ruhepol zu sein, der Heinrich gut tun würde. Und so setzte sie ihn auf den leeren Platz neben ihn. Die beiden schauten sich schelmisch an. Hätte sie gewusst, wie viel die beiden auf dem Kerbholz hatten, wäre sie sicher anders vorgegangen.

Die Deutschstunde ging rasch vorüber, denn wie man richtig Stichpunkte macht, brauchte niemand wirklich zu lernen. Heinrich und Mika bemühten sich ein idyllisches Bild abzugeben und teilen sich daher nur leise ihre Freude übereinander mit. Heinrich gab zu verstehen, dass er ihm nach der Schule alle spannenden Orte zeigen würde. Und überhaupt würde er ihm erklären, wer in der Klasse zu was zu gebrauchen sei und vor wem er sich hüten sollte. Die anderen wollten Mika in der Pause ein wenig beschnuppern, aber Heinrich nahm ihn mit zum Fußballplatz. Er überzeugte die Älteren, Mika mitspielen zu lassen, und da in diesen Tagen viele Schüler fehlten und einige nie wieder kommen sollten, gaben sie ihr okay. Mika freute sich und verspürte einen Hauch von Bewunderung. Der höchste Grad der Anerkennung, den die Älteren Mika bisher zu Teil werden ließen, war ihn zu verprügeln. Heinrich durfte mit Fußball spielen. Wahnsinn.

Die nächsten Unterrichtsstunden verflogen und so brachen sie auf zu einer spannenden Erkundungstour. Heinrich führte ihn quer durch das Unterholz. »Jetzt wird es gefährlich und wir müssen extrem vorsichtig sein« flüsterte er ihm zu. Er zeigte auf das Schild: »Vorsicht Schusswaffengebrauch! Betreten verboten!«. Langsam und vorsichtig kletterten sie durch das schmale Loch im Zaun. Auf allen Vieren pirschten sie sich an eine große Lagerhalle an. Alles wirkte verlassen. Erst als sie von drinnen her Geräusche hörten, stockte ihnen der Atem. Mit Handzeichen gab Heinrich an, dass er durch den Türschlitz lugen wolle. Mika zerknitterte skeptisch sein Gesicht. Heinrich sah große, ratternde Maschinen und Wäschewagen voller Akten und Papier. Riesige Reißwölfe die begierig einen Stoß Papier nach dem

110

anderen fraßen. Plötzlich zog etwas an seinem Hosenbein und vor lauter Schreck stieß Heinrich einen Schrei aus. Es war Mika. Sie wussten nicht, ob man sie gehört hatte, aber vorsichtshalber schlichen sie sich davon. An der Mauer vorbei zu einer kleinen Baracke. Sie schauten vorsichtig durch die kleinen Fenster. Doppelstockbetten mit grauen Filzdecken. Grüne Kisten, wie die aus dem Kindergarten. Und ein sonderbar großes Fernglas. Da es so schien, als würde niemand drinnen sein, beschlossen sie, sich das Fernglas zu holen. Eines der Fenster war angelehnt. Mika machte die Feuerleiter und Heinrich kroch hinein. Nach wenigen Sekunden flog das Fernglas aus dem Fenster, direkt vor Mikas Füße. Drinnen geriet Heinrich in leichte Panik, denn das Fenster hing zu hoch und im Nebenraum hörte er Stimmen.

Zwei kräftige Männer in Uniform traten ein und stellten sich wie intuitiv hinter die Tür. »Den neuen Feldstecher muss ich dir zeigen, damit kann man sogar durch Wände schauen.« gab der eine mit imponierendem Ton zum Besten. »Die Dinger mit Urankern, wie?« erwiderte der andere betont nüchtern. Sie standen vor der grünen Spielzeugkiste und verwundert durchwühlte der eine sie. Heinrich nutzte das Kramgeräusch, um aus dem Raum zu schleichen. Erst als die schwere Eisentür ins Schloss fiel, bemerkten sie das offene Fenster. Heinrich rannte zu Mika. »Nichts wie weg!« lautete sein Kommando. Die beiden Soldaten schauten durch das schmale Fenster und sahen die beiden wegrennen. Sofort stürmten sie hinaus und hinterher. Der Feldstechersoldat zog reflexartig seine Waffe. Durch Kimme und Korn hatte er Heinrichs Hinterkopf fest im Visier. Der andere, schmächtige und kleine Soldat stieß die Waffe des anderen nach oben, als er abdrückte. »Bist du bescheuert, oder was?« herrschte er ihn energisch an. »Das sind Kinder!« fügte er Verständnis suchend hinzu. »Ja und? Das sind Militärgeheimnisse, die die in den Händen halten.« versuchte er sich zu rechtfertigen. »Mensch, der Kampf ist vorbei, kapier das doch!« sagte der Kleine klar und nüchtern.

»Der Kampf ist vielleicht vorbei, aber die Schlacht noch lange nicht!« hallte der Größere zurück. Der Kleine schüttelte resigniert den Kopf und machte kehrt. Der Größere eilte zum Zaun, wo er das kleine Loch entdeckte. Am Horizont sah er die beiden verschwinden. Entnervt trottete er zur Baracke zurück.

Heinrich und Mika rannten weiter. Ihre Lungen brannten, der Mund war wüstentrocken und ihre Beine liefen wie automatisiert. Am äußersten Waldesrand sahen sie einen Hochsitz. Heinrich kletterte hurtig hinauf und bemerkte erst oben seine leichte Höhenangst. Da saßen sie. Völlig außer Atem. Und mit Blick auf das stibitzte Fernglas und vor purer Erleichterung fingen sie an heftig zu lachen. Es dauerte eine Weile bis sie sich beruhigt hatten. Erst jetzt hörten sie den Schuss, der gefallen war, und wurden für einen kurzen Moment etwas beklommen. Sie fassten sich an ihre Köpfe und beschauten ihre Körper. Er hatte vorbeigeschossen. »Ein schlechter Schütze« witzelte Mika. Sie kicherten. Langsam beruhigten sie sich und wandten sich dem Feldstecher zu. Beide schauten durch eine Seite. Das andere Auge zukneifend entdeckten sie ein paar Rehe, die mit den bloßen Augen nicht zu sehen waren. Weit konnte man gucken, aber so besonders wie erhofft, war es scheinbar nicht. Heinrich berichtete von der Unterhaltung der beiden Soldaten. Mit dem Fernglas könne man durch Mauern schauen. Mika untersuchte das Gerät und fand schnell den Knopf, auf den es zu drücken galt. Sie schauten hindurch und ein grüner Film lag über dem Bild. Etwas krischelig, aber trotzdem war alles noch gut zu erkennen.

Auf der schmalen Landstraße entdeckten sie den Kutscher. Es sah aus, als blickten sie in eine andere Welt. Und Heinrich war erstaunt, als er den Bonbon-Jungen neben dem alten, schlanken und zerfalteten Kutscher sitzen sah. Er trug einen Verband um den Kopf. Heinrich seufzte erleichtert und erzählte Mika, was passiert war. Der Kutscher hatte väterlich die Hand um ihn gelegt und hielt in der anderen die Zügel. Zwei nicht allzu kräftige, ponyhafte Pferde waren vor den Wagen gespannt. So konnte kein

General aussehen, überlegte Heinrich im Stillen. Und obwohl Heinrich nicht recht sagen konnte, wie ein Mörder aussieht, so war er doch überzeugt, dass der Bonbon-Junge keiner sein konnte. Als die Kutsche außer Sichtweite war, schauten sie in die gegenüberliegende Richtung. Dort lagen die Wohnblocks. Sie blickten in die Wohnung einer Klassenkameradin. Ein recht hübsches Mädchen. Nicht Heinrichs Geschmack, aber vielleicht würde Mika mit ihr etwas anfangen können. Sie war in ihrem Zimmer. Ihr Vater stand im Flur, vor ihrer Tür und schaute durch das Schlüsselloch. Sie stand vom Bett auf und begann sich langsam auszuziehen. Zuerst ihre Hose, die sie über ihre giraffenlangen Beine nach unten schob. Dann ihre weiße Bluse. Nur im hellgrünen Schlüpfer stand sie da. Ihr Vater machte die gleiche Ellenbogenbewegung wie der Mann, den Heinrich und Stefanie im Keller gesehen hatten. Heinrich und Mika ahnten, dass da was nicht richtig war, aber als sie komplett nackt dastand, wurde den beiden schummrig in der Lendengegend. Sie tanzte splitterfasernackt durch das Zimmer und warf sich auf ihr Bett. Plötzlich hörten sie Geräusche.

Es war der Förster, der die Leiter empor stieg. Schnell versteckten sie das Fernglas (den Feldstecher). Der Förster erschrak, als er die beiden erblickte, aber da er ein ruhiges Gemüt hatte, bat er die beiden in aller Gelassenheit zu gehen. Vorsichtig und mit einem Hauch von Schamesröte im Gesicht stiegen sie hinab. Heinrich schwindelte es etwas und er versuchte, so gut es ging, nicht nach unten zu schauen. Sie hatten gar nicht bemerkt, wie die Zeit vergangen war. Es dunkelte und auf dem Weg nach Hause überlegten sie, wer das Fernglas mitnehmen dürfte. Als sie gerade durch die Kuhlen stapften, in denen sich die Schweine vor wenigen Tagen noch gesuhlt hatten, stand plötzlich der Große vor ihnen. Er streckte, ohne ein Wort zu sagen, die Hand aus. Die beiden stellten sich ahnungslos, aber es half nichts. Mit dem angsteinflößenden Gesicht eines Warzenschweins forderte er das Fernglas. Beide standen wie angewurzelt da. Mechanisch reichte ihm Mika den Feldstecher entgegen. Wie eine Schlange packte er zu und verschwand so schnell wie er gekommen war. Heinrich und Mika schauten sich perplex an. Das Problem, wer es mit nach Hause nehmen darf, hatten sie nun nicht mehr. Sie stapften weiter und irgendwie wäre es auch zu schön gewesen, wenn sie es weiter hätten haben können. Manchmal entpuppt sich der Spatz in der Hand eben doch als scheißende Taube. Wenigstens hatten sie einander, auch wenn die Enttäuschung herbe war.

Zuhause angekommen merkte Heinrich, dass er wohl wieder sein neues Hobby ausgelebt hatte. Schlüssel verlieren. Er klingelte. Anna rügte ihn, denn er war spät dran. Sie hatten bereits Abendbrot gegessen. Auch der Verlust des Schlüsselbundes tat sein übriges dazu bei, dass Jochen lauter wurde. Ohne Essen ins Bett war die Konsequenz. Heinrich war bockig und warf Kissen und was sich in greifbarer Nähe befand gegen Tür und Schrank. Den blauen Hund natürlich nicht. Dem treuesten Begleiter wollte und konnte er kein Haar krümmen. Sabine kam aus ihrem Zimmer und gab ihm eine Tafel Schokolade. Die Wohnung hatte etwas japanisches. Die Wände waren wie aus Pappe, die Türen wie Papier. Und so war innerhalb der vier Wände alles recht durchsichtig und hörbar. Dann verschwanden sie wieder in ihrem Zimmer. Heinrich wusste nicht woher oder wogegen, aber sein Bauch grummelte zornig vor sich hin. Er aß ein paar Stücken Schokolade. Warf vereinzelt Kissen gegen die Tür.

Nach ein paar Minuten kam Anna und setzte sich zu ihm. Sie hörte zu, als Heinrich die Ungerechtigkeiten beschrieb. Einfühlsam stellte sie ab und an eine Frage und Heinrich redete weiter wie ein Wasserfall. Er wolle nicht mehr in den Hort. Und die anderen Schüler seien alle doof. Alles sei so langweilig. Und er wolle Fußball spielen. Aber richtig im Verein. Und erst als er von Mika zu erzählen begann, hellte sich seine Stimmung allmählich auf. Natürlich erzählte er nichts vom Fernglas. Anna würde viel zu besorgt dreinschauen. Und er erzählte von Stefanie. Von Küssen und überhaupt, dass sie seine Freundin sei, verheimlichte er. Anna hatte aber schon verstanden. Als Heinrich stiller und stiller wurde, begann Anna mit sanfter Stimme »Guten Abend, gute Nacht« zu singen. Heinrich hörte besonders aufmerksam zu, um dann mit großem Verständnis darum zu bitten, abends nicht mehr besungen zu werden. Es kostete ihn etwas Überwindung, aber er fand, er war alt genug, um selbst in das Reich der Träume hinüber zu schweben. Außerdem hatte er seinen knuddligen Knautschhund. Anna spürte sofort, dass Heinrich in eine neue Phase gekommen war, dass die Zeiten sich änderten. Sie küsste Heinrich mit äußerster Achtsamkeit und voller Liebe auf die Stirn.

Mit gemischten Gefühlen löschte sie das Licht und verließ das Zimmer. Als sie mit Jochen im großen Ehebett lag, schilderte sie die neue Situation. Es sei wichtig, dass sich Heinrich austoben könne. Der Fußballverein würde eine gute Sache sein. Und tatsächlich beflügelte der Sport Heinrich, so dass die zornvollen Eskapaden etwas weniger wurden. Auch der Umgang mit Mika war gut für ihn. Sie tollten viel draußen herum und sprachen über alles Mögliche und Unmögliche. Manchmal alberten sie nur rum, spielten Fußball im Regen, verprügelten andere Jungs. Die Sache mit Stefanie war auch nach einiger Zeit vorüber. Sie hatten sich noch ab und an geküsst, aber als Emil aus der Schule verschwand, war es schnell vorüber. Sie blieben gute Freunde und spielten ab und zu zusammen, aber zunehmend versandete die Sache. In der Woche tobte er nämlich meist mit Mika umher und am Wochenende war Stefanie immer auf Familienausflug. Aber auch das Zimmer von Heinrich wandelte sich. Sie waren im Möbelkaufhaus gewesen und Sabine und er konnten sich ein komplettes Zimmer aussuchen. Jochen hatte einen Gerichtsprozess aufgrund von Verfahrensfehlern gewonnen und erhielt, nachdem man ihn unrechtmäßig gekündigt hatte, einen neuen, gut bezahlten Posten. Anstelle eines kleinen, schwarz-weißen Krischelfernsehers mit kleinen Knöpfen neben dem Bildschirm, gab es jetzt einen großen Farbfernseher mit Fernbedienung. Und nachdem

Heinrich und Sabine ausdauernd und geschlossen gegen das Rauchen, den Qualm und letztlich für ihre Gesundheit, also eigene Fernsehgeräte protestiert, demonstriert, gejammert und gezetert hatten, war es soweit. Zig Kanäle. Statt Testbildern gab es Spielshows, Serien und Zeichentricksendungen en masse. Später bekamen beide noch eine Musikanlage mit CD-Player und doppeltem Kassettendeck. Und auch wenn Heinrich sich hierbei an Hugo erinnerte, der auch eine ähnliche Anlage hatte, so kam die Krönung ein paar Wochen später. Jochen kam mit einem großen, braunen Koffer nach Hause. Unscheinbar. Aber der Inhalt war gigantisch, ja wirklich revolutionär und eröffnete Heinrich eine neue Welt. Erst waren es nur verworrene Kabel, graue Kisten und schwarze Kassetten, aber zusammengesteckt ein magischer Zauberkasten sondergleichen. Ein Commodore-64. Stundenlang hockte Heinrich vor dem Gerät. Um das Schiff zu steuern, hatte er ein dickes Handbuch. Seitenweise Zeichen tippte er in die Kiste. Und nach kurzer, etwa halbstündiger Wartezeit flimmerte es auf dem Fernsehmonitor. Im blauen Bildschirm sprudelten allerlei Farben auf. Summer Games, Golf und sogar Glücksrad. Manchmal spielte die ganze Familie mit. Meistens aber saß Heinrich allein vor dem Bildschirm. Und nachdem Glücksrad seinen Charme verloren hatte, spielte er zumeist Golf oder tippte ellenlange Quelltexte ab, um ein Piepkonzert oder Farbmuster zu kreieren. Er schaute in die blaue Welt. Und auch wenn er im Frühling ein Diskettenlaufwerk bekommen hatte, was die Ladezeit extrem verkürzte und die Anzahl der Spiele auf fast fünfzig brachte, wehte bald ein anderer Wind. Heinrich war mittlerweile sportlich sehr aktiv, scherte sich zum Unmut seiner Eltern nicht viel um Noten und hatte die diffuse, grummlige Zornigkeit in konzentrierte Rebellion münden lassen. Er kam in den Unterricht seiner Klasse und wollte gerade à la Klassenclown eine freche Bemerkung losschmettern, als er sie sah.

XII

Er war wie verzaubert. Heftige Faszination durchzog seinen ganzen Körper. Er setzte sich, für ihn mittlerweile sehr untypisch, still und ruhig auf seinen Platz. Sprachlos, überwältigt, gerührt. Er, der immer etwas zu sagen wusste. Der Lockenkopf, der mit Pauken und Trompeten noch jede Mücke zum Elephanten aufgeblasen hatte; oder umgekehrt. Ihm kam kein Wort über die Lippen. Er saß mittlerweile neben einem in sich verkrochenen, stetig schweigenden Sandsack, der sich über die seltene Ruhe auf seinem rechten Ohr wunderte. Heinrich blickte in das vor ihm stehende Regal. Frau Freystein wollte Heinrich gerade zur Ruhe bringen, als sie verwundert feststellen musste, dass er ruhig war. Es kam ihr etwas unheimlich vor. Fast als würde sich die Sonne beim Sonnenuntergang entschließen, wieder nach oben zu klettern. Und die Sonne ging umgehend wieder auf. Die Sonne hieß Maria. Ein schlaues, schüchternes, zartes Mädchen mit zwei blonden Zöpfen zu beiden Seiten. Sie trug einen schwarzen Rock und ein weißes, unschuldiges Hemd. Heinrich war sofort über alle Ohren verliebt. Er blieb den ganzen Tag zurückhaltend und versuchte ihr zu imponieren. Nur ab und an warf er seine neugiergetränkten, blauen Augen in ihre braunen Rehaugen.

Zuhause lag er im zerwühlten Bett und überlegte, was er tun könnte. Dass er in grobbäuerlicher Rüpelmanier Jungs verprügelte, durfte sie nicht mitkriegen (wissen). In den folgenden Wochen würde er es auf ein Mindestmaß beschränken. Gerade soweit, dass er nicht selbst wieder zum Verprügelten wurde. Er würde sich in den nächsten Tagen einfach zur Mädchengruppe stellen. Mit den Mädchen stand er auf gutem Fuß und so würde es kein großes Aufsehen erregen, wenn er sich hinzugesellte. Nur nicht zu lange in die Augen schauen, sonst würde er sich selbst verraten. Er kuschelte sich an seinen blauen Knautschiewautsch und dachte sich aus, was er ihr alles erzählen könnte. Er sah sie vor sich. Sie war nackt. Völlig wortlos kamen sie sich näher und als sich ihre nackte Haut berührte, wurde es Heinrich heiß. Richtig heiß. So heiß, dass sich etwas entlud. Orgasmische (orgastische) Freuden durchströmten seinen Körper, bis er peinlich berührt die Decke hob und hinabschaute. Dass das Teil solche Freuden und gleichsam solche Beklemmungen hervorrufen konnte, überraschte Heinrich. Es kam aus der Wärme, aus dem Nichts. Vorsichtig schlich er ins Bad. Hoffentlich geht das jetzt nicht jeden Tag so, dachte er zunächst etwas bekümmert. Obwohl, allzu schlecht hatte es sich nicht angefühlt.

Heute ging er den geraden Weg zur Schule, denn er fühlte sich, auch wenn er nicht erwischt worden war, irgendwie ertappt. Er war der einzige am Bolzplatz. Und jetzt freute er sich einen Fußball geschenkt bekommen zu haben, obwohl er sich eigentlich einen Handball erhofft hatte. Er schoss den Ball gegen die Wand des Schulgebäudes und begann sich gerade in das Spiel mit sich selbst hineinzusteigern, als ein Mann nach ihm rief.

Am Zaun des Fußballplatzes lag eine Behindertenanstalt. Dort stand der kleingewachsene Mann mit dickem, runden Bauch, der aussah wie ein Kugelfisch, der sich aufblasen kann. Es lohnte sich zu ihm zu gehen, denn er verschenkte meist Geld. So auch dieses Mal. Heinrich hörte sich eine Geschichte an und strich eine Mark ein. Westmark. Die Geschichte war ihm zu abstrakt. Er hatte irgendwas über die Sinnlosigkeit des Daseins geplappert. Und immer wieder auf einen Typen hingewiesen, der ähnlich wie Doppeldegger (Doppeldecker) klang. Ein ganz großer Philosoph, meinte der Kugelfisch. Heinrich wusste nicht, was ein Philosoph ist. Am Nachmittag, als er wie so oft mit Mika umherstrolchte, waren sie in die Bibliothek gegangen. Im Anton bis Zylinder stand was ein Philosoph war. Ein Mann der Wahrheit, so wie Karl Marx und Friedrich Engels. Marx hatte er schon mal gehört. Er schaute nochmal nach Doppeldegger

(Doppeldecker), aber ihm ging auf, dass das Flugzeug wohl nicht gemeint war. Ein Flugzeug könnte kein Philosoph sein. Ein Schiff auch nicht. Dennoch faszinierte ihn die große Abbildung mit Schornsteinen, Dampfkesseln, Braunkohle und den Kabinentüren der ersten, zweiten und dritten Klasse. Heinrich fand auch die Bullaugen toll und stellte sich vor, wie er durch sie hindurch auf das tosende Meer schauen würde. Der Kapitän/Steuermann hatte einen einzelnen Eintrag. Heinrich fiel das Gedicht ein, was er noch auswendig lernen musste. Über einen Steuermann, der ganz tapfer war. Ob er als letzter von Bord gegangen war – wie es sich gehörte – oder ob er das Schiff an Land gebracht hatte, wusste er nicht zu sagen.

Jetzt war auch nicht die Zeit darüber nachzudenken, denn er hatte sich mit Maria und ihrer neuen Freundin zum Spielen verabredet. Mika kam natürlich auch mit. In stiller Vorfreude rannten sie durch die Schulflure, vorbei an den Hortkindern, hinaus an die frische Luft. Am Schultor trafen sie sich. Heinrich schlüpfte sofort in die Rolle des Kaspers. Er sei der geborene Philosoph. Ein großer Freund der Wahrheit. Die Mädchen sahen ihn erstaunt an. »Los kommt mit. Ich zeig euch was!« animierte er sie und rannte los. Sie folgten ohne nachzufragen und nur Mika ahnte, wo es hinging. Über eine kürzlich frisch gerodete Fläche hopsten sie zum Zaun. Das Loch war bereits größer geworden und ein schmaler Trampelpfad entstanden. Es hing auch ein neues Schild da. »Eltern haften für ihre Kinder!«. Ein komisches Schild. Wenn also jemand was klauen würde, dann würden die Eltern nicht über Los gehen, keine viertausend Mark einziehen und direkt ins Gefängnis müssen, witzelte er. Maria lächelte milde und verstand langsam, für wen sich Heinrich hier so ins Zeug legte.

Sie liefen zur großen Baracke, wo damals die großen Schreddermaschinen standen. Durch einen kleinen Seiteneingang kamen sie in die große Halle. Alles war verdreckt und das große Eingangstor war frisch vermauert worden. Rotfarbende Ziegelsteine umgeben von grauem Beton. Heinrich fand ein Brecheisen und Mika schnappte sich einen großen Hammer. Sofort begannen sie auf die Mauer einzudreschen. Die Mädchen fanden es putzig und riefen: »Die Mauer muss weg! Die Mauer muss weg!«. Dann verschwanden sie kichernd nach draußen. Vor der Baracke stand allerlei Müll. Ein Herd und Schränke. Maria und ihre Freundin machten sich auf und suchten auf der Müllhalde nach Schüsseln und anderen Dingen, die in eine Küche gehörten. Mit aller Energie kloppten Mika und Heinrich Stein um Stein aus der Mauer. Und als sie zwei, drei kleine Durchbrüche hindurchgeschlagen hatten, gesellten sie sich zu den beiden Mädchen.

Sie spielten Vater-Mutter-Kind. Maria war Mutter, Heinrich natürlich Vater und die anderen beiden die Kinder. Zusammen stellten sie sich hinter den Herd und kochten ein leckeres Süppchen. Immer wieder tadelten sie die Kinder, die nach Essen schrieen und keine Geduld aufbrachten. Es gab sogar eine Waschmaschine. Die Freundin von Maria stand davor und zog ihre Hose aus. Heinrich und Mika fiel wieder ein, was sie auf dem Hochsitz gesehen hatten. Sie war das Schlüssellochmädchen. Mika blieb sitzen und versteckte seine Anspannung unter dem Tisch. Heinrich hatte es nicht einfach, denn er musste die Hose waschen. Nach ein paar gekünstelten Waschbewegungen, gab er ihr die Hose wieder zurück und verkündete, die Waschmaschine reparieren zu müssen. Aber sie war nicht kaputt. Vielmehr war es die Peinlichkeit sich erinnern zu müssen und die Scham, die Regungen darüber so gut es eben ging zu verbergen.

Mika fiel des Rätsels Lösung ein und er fragte kindlich naiv, ob sie auch genug Feuerholz hätten. Es sei ja so unheimlich kalt. Heinrich verstand und schickte Mutter und Tochter zum Holzholen. Puhhh. Sie konnten durchatmen. Mika fragte verlegen, ob Heinrich jemanden kenne, der schon mal eine Latte hatte. Ohne groß nachzudenken und betont souverän, sagte er: »Na klar, mich.«. Heinrich war erleichtert zu erfahren, dass es Mika auch so ging und vermutlich noch vielen anderen. Viel zu schnell für ihren Geschmack kamen die Mädchen wieder zurück. Ob sie auch wirklich genug Holz hätten, fragte Mika skeptisch. Die Mädchen bejahten artig. Mika kam der Spruch seines großen Bruders in den Sinn. Ein Mädchen müsse ordentlich Holz vor den Hütten haben, betonte jener. Zum Glück war der Tisch da. In großer Harmonie wurde die Suppe verteilt und so aßen sie ohne viel zu sprechen. Als sie die etwas sehr salzige Suppe, wie Mika bemängelte, gegessen hatten, gingen die Mädchen nach Hause und die Jungs krümmten der Mauer ein Haar nach dem anderen. Der ein oder andere Ziegel zersplitterte und immer, wenn sie ein größeres Stück herausschlugen, staubte es stark auf. Jeden Tag kamen sie etwas weiter. Zuerst legten sie den blauen Himmel frei, um dann allmählich Baumwipfel und zu guter Letzt die Müllhalde in den Türrahmen zu bringen. Es war ein großes Erlebnis für beide, als der Wind durch das Tor pfiff und sie scheinbar unbegrenzt hinein und hinauskonnten. Doch nach einiger Zeit fanden sie es schade. Nicht, dass sie sich nicht gefreut hätten, aber sie hatten jetzt so viel Zeit damit verbracht, dass sie nicht recht wussten, was sie als nächstes tun sollten.

Heinrich fiel ein, dass es ihm ja eigentlich um Maria ging. Erst überlegten sie woanders hinzugehen, wo es gute Bäume zum Klettern gab. Aber aus dem Alter waren sie mittlerweile raus. Zum Fußballspielen hatten sie gerade nicht allzu große Lust und so beschlossen sie in den großen Supermarkt zu gehen. Da gab es einfach so gut wie alles. Sie kauften sich eine Tüte Chips und lümmelten im Eingangsbereich herum. Sie lasen sich die Biete- und Suchekärtchen durch, wenn nicht genug spannende Leute vorbeiliefen. Heinrich grüßte nicht mehr jeden. Er hatte gelernt, damit sparsamer umzugehen.

Nach einer Weile gingen sie zu Heinrich nach Hause. Er musste, wie immer, seine Mutter auf Arbeit anrufen und fragen, ob Mika hineindarf. Es durfte kein Fremder in die Wohnung gehen. Heinrich verstand nicht, wieso Mika, der ja alles andere als fremd war, jedes Mal sinnlos vor der Tür warten musste. Ohnehin gab es so gut wie immer ein Okay. Sie setzten sich ins Wohnzimmer und schauten eine Zeichentrickserie nach der anderen. Die Volleyballerin aus Japan hatte es Heinrich besonders angetan. Sie hatte so Augen wie Maria. Und sie war sehr mutig und konnte einen Schmetterball, den niemand außer ihr konnte. Sie aßen Müsli und Süßigkeiten. Dann kam Anna nach Hause und der Arbeitstag war nicht nur anstrengend, sondern auch Kündigungen hatte man für die nächste Zeit in Aussicht gestellt. Entsprechend entnervt war sie über das Chaos im Wohnzimmer. Sie tobte herum, dass das so nicht gehe und dass sie gefälligst Ordnung halten sollten. Heinrich war einsichtig, denn sie hatte Recht, aber dass sie so arg in die Luft ging, empfand er als verletzend. So schlimm war es ja nun wirklich nicht. Er räumte flugs das Zeug weg und hing sich mit Mika vor den C-64. Sie spielten Golf gegeneinander und jeder versuchte, so gut es eben möglich war, einzulochen. Immerzu piepte die Kiste vor sich hin, obwohl es an sich ein recht ruhiges und beruhigendes Spiel war. Zumindest nach außen hin. Dann musste Mika gehen. Überraschend und mitten im Spiel. Aber Heinrich wusste, dass seine Mutter mehr als streng war. Und wenn er Hausarrest kriegen würde, könnten sie sich tagelang nicht sehen. Denn es war Freitag.

XIII

Anna kam, nachdem Mika einige Zeit weg war, in sein Zimmer und sagte, dass sie einen Ausflug zum Baggersee machen würden. Sobald Jochen und Sabine kämen, würden sie aufbrechen. Heinrich nickte verständig und vertiefte sich in die neue Pixelwelt. Eine Stunde war vergangen, als alle, bis auf Heinrich, bereit waren. Für ihn waren erst gefühlte fünf Minuten vorübergegangen und so stieg er, mit einem leichten Anflug von Bockigkeit, in den himmelblauen Trabant.

Im Sausetempo ratterten sie zum See, der unter der heißen Sonne glitzerte. Und trotzdem der See recht groß war, mussten sie ein ganzes Stück laufen, bis sie einen guten Platz gefunden hatten. Jochen und Anna breiteten die Decken aus und gaben den beiden Kleinen jeweils eine Schrippenhälfte. Heinrichs Gemüt hellte sich etwas auf und nachdem die Brötchenhälften verspeist waren, gingen er und Sabine ins Wasser. Heinrich mochte es sich in der Badewanne zu aalen. Das kalte Wasser des Sees hingegen empfand er eher als befremdlich und so legte er sich auf die Luftmatratze, die Jochen gerade aufgeblasen hatte. Sabine witterte sofort ein Abenteuer und schob die Luftmatratze vor sich her. Sie schwamm sehr gut und so glitten sie hinaus auf den See, wie ein Schiff über den atlantischen Ozean. Sabine merkte, dass Heinrich vor sich hinträumte und ließ sich nicht zweimal bitten. In einem Zug kippte sie die Luftmatratze um und Heinrich plumpste wie ein Plumpser ins kühle Nass. Er wusste nicht, wie ihm geschah. Gelähmt sank er ins Wasser. Er dachte, das war es jetzt, denn er konnte nicht schwimmen. Für einen kurzen Augenblick fühlte es sich vollkommen hilflos; dann gab er auf. Sein Leben zog nicht an seinen Augen vorbei. Er öffnete die Augen. Alles war blau. Er hatte nicht viel Zeit sich damit abzufinden und so fand er sich ab. Alles war einfach und das Wasser wurde schon warm, als eine Hand ihn nach oben riss. Es war Sabines Hand, die ihn nach oben zog und die ihn wie ein Rettungsschwimmer an Land brachte. Heinrich war völlig durch den Wind. Er verstand wohl, dass sie es nicht böse gemeint hatte, aber dennoch würde eine Narbe zurückbleiben. Ein umfassender Zweifel. Aber auch eine Akzeptanz der Dinge. Ein unabwendbares Annehmen. Eine alles in allem unvergessliche und vergessene Erfahrung. Die folgenden Stunden, Tage und Wochen grübelte Heinrich darüber nach, wieso er nicht gestrampelt hatte. Wieso er nicht bereit war zu kämpfen. Immerhin ging es um sein Leben. Er fand keine Antwort und verschob die Frage in die Schublade »Das-verstehst-du-erst-wenn-du-groß-bist«. Der ganze Ausflug war davon überschattet und doch verloren weder Sabine noch Heinrich jemals ein einziges Wort darüber.

Und so geriet der Vorfall in Vergessenheit, bis er Monate später wieder aus der Schublade kroch. Es war der Geburtstag von Maria, als Heinrich merkte, dass da mal was gewesen war, was alles andere unerheblich erscheinen ließ. Maria und Heinrich hatten mittlerweile viele Briefe ausgetauscht und sich ihre Liebe mehr als einmal offenbart. In einem mühevollen Wechselspiel hatte er Zu- und Abneigung gezeigt, keine unnötigen Schlägereien ausgefochten und vielerlei Mühe darauf verwand ein guter Schüler zu werden. Und es war geglückt. Er war ihr Herzallerliebster geworden und sie seine Herzallerliebste. Dieses einzigartige Hochgefühl, diese tosende Euphorie öffnete Heinrich eine unsichtbare Tür in eine neue Welt. Das musste wahre Liebe sein. Die Liebe, von der die Großen sprachen.

Von diesem Gefühl beseelt, ging er auf ihre Geburtstagsfeier und machte ihr das größtmögliche Geschenk. Seinen blauen Knautschiewautsch-Hund. Maria war gerührt, als er ihr den Hund überreichte. So viel Selbstlosigkeit hatte sie selten erlebt und deshalb schenkte sie ihm ihre rosa Kuschelschlange. Nachdem sie eine Weile durch das Haus gestrolcht waren, gingen sie in den Garten. Und dort, an dem kleinen Planschbecken

124

blitzte die Erinnerung schlagartig hervor. Das Gefühl der angstlosen Freiheit, der hoffnungsvollen Verlorenheit brach in ihm auf. Aber es war keine Zeit zum Träumen, denn Heinrich hatte seine Badehose vergessen. Er versuchte Marias Eltern zu beschwichtigen, dass er nicht unbedingt baden müsse. Aber sie beschafften rasch eine Badehose und so konnte er mit Maria und den anderen Kindern herumplanschen. Schnell verlor er sich im Spiel und so schwappten auch die unbehaglichen Gefühle über den Rand des Schwimmbeckens und sickerten in den frisch besamten Boden. Es spritzte wild umher und nachdem sie einige Zeit umhergetobt waren, war das Wasser im Becken um viele Zentimeter gesunken. Da Marias Geburtstag in den Spätsommer fiel, war es bereits sehr windig und als sich zudem die Sonne hinter die Wolken schob, brachten Marias Eltern die Kinder ins Haus.

Es war ein großes und neues Haus, wie es sich Heinrich immer wünschte, wenn er sich zwischen den Pappwänden nach Ruhe und Ungestörtheit sehnte. Im gut ausgebauten Keller des Hauses hingen Luftschlangen und der Topf wartete bereits darauf vom Holzstock zum Klingen gebracht zu werden. Alle Kinder waren ausgelassen und brüllten heiß oder kalt, um der blinden Kuh den Weg zu weisen. Auf einmal schauten sich Maria und Heinrich tief in die Augen. So tief, dass sie erst etwas verwundert waren über die neue Tiefe im anderen und in sich selbst. Sie wussten nicht ein noch aus über dieses neue Unbekannte und so begannen sie zu kichern. Aus dem Kichern wurde alsbald ein Lachen. Ein scheinbar sinnentleertes Lachen. Mehr und mehr steigerten sie sich hinein. Die Wucht des Lachens holte sie von den Beinen. Die anderen Kinder schauten verdattert umher. Aus dem quiekenden Lachen wurde ein Dampfkessellachen. Einige Kinder begannen ungläubig ihre Köpfe zu schütteln. Immer lauter grölten sie ihre freigelassene Freude heraus und begannen sich von einer Ecke in die andere zu kugeln. Die ersten Kinder verließen den Raum. Es gab nur noch Maria, Heinrich und das Lachen. Langsam begannen sich ihre Bäuche zu verkrampfen und wilde Hysterie mischte sich in ihre Lachtiraden. Die übrigen Kinder gingen hinaus, denn ihnen war nicht geheuer, was sich da abspielte. Fast losgelöst von Raum und Zeit stießen sie ihr Lachen heraus. Rollten sich durch den Raum, so dass einige Stühle umfielen. Erneut schauten sie sich an. Sie versuchten ein Wort zu sagen, aber bevor es über die Lippen wandern konnte, verschluckte sie das Lachen. Völlig aufgelöst, von Krämpfen im Bauch geplagt und mehr als man neben der Spur sein kann, brachen sich unbekannte Freudentränen ihren Weg. Sie kicherten sich beinahe ihr letztes Stück Seele aus dem Leib, als Marias Eltern im Türrahmen standen und die Ernsthaftigkeit hereinbrach. Etwas verlegen schaute Heinrich sie an. Er fühlte sich so schuldig, als ob er Maria (gegen ihren Willen) verführt hätte. Aber sie hatten ja nur gelacht. Keinesfalls bösartig, sondern einfach so, ohne viel Sinn und erst recht ohne Verstand. Sie fingen sich wieder und Heinrich ging reumütig an ihnen vorbei, um seine trockene Kehle mit klebriger Brause zu kühlen.

Alle anderen Kinder saßen bereits am Kaffeetisch, der mit Kuchen und Süßigkeiten gefüllt war. Sie schauten Heinrich ungläubig an. Aber niemand sagte etwas zu dieser äußerst skurrilen (seltsamen) Situation. Heinrich ordnete seine verstrutzelten, fast schon schwarz gelockten Haare und aß ein Stück Schokoladentorte. Langsam aber sicher kamen sie wieder in so etwas wie Normalität zurück und Heinrich fieberte schon Marias Kuss entgegen, den sie ihm zum Abschied zu geben pflegte. Die ganze Zeit nach dem Lachanfall hatten sie vermieden, sich allzu lange in die Augen zu schauen; aus Angst wieder in dieses nahezu wahnsinnige Lachkarussell zu geraten. Erst als Maria ihn am Gartentor verabschiedete, blickten sie tief ineinander. Mit breitem und sonnenumwebten Lächeln standen sie beisammen. Und nach einer Weile stiller Euphorie spitzten sie ihre Münder und schwebten einander in bedingungsloser, lieblicher Zärtlichkeit entgegen. Ein Kuss wie aus Tausend und einer Nacht. Heinrich glühte am ganzen Körper und darüber hinaus. Und als sich ihre Münder sanft und in absoluter

Langsamkeit voneinander, in tiefer, harmonischer Verneigung voreinander, lösten, da flog Heinrich wie ein astronautischer Kosmonaut gen Mond.

Alles um ihn herum war licht und einsichtig. Ein Gefühl absoluter Klarheit, so dass Heinrich glaubte, dass alles einfach sei und es ihm eine Verwunderung auf die Stirn trieb, weshalb die großen Menschen alles so unnötig verkomplizierten. Sämtliche Dinge der Welt lagen so klar vor ihm, wie der mit Filzstoff bezogene, gelbe Tennisball. Eine kleine Sonne, die er mit Mika liebend gern gegen die Bordsteinkanten warf.

Das Bordsteinspiel war einfach und überaus faszinierend für die beiden. Ziel war es, die kleine Sonne genau so gegen die Kante zu werfen, dass man sie, ohne die Füße dabei zu bewegen, fangen konnte. Schaffte man es, so konnte man einen Tippelschritt nach vorne, bis man die andere Seite erreicht hatte. Wer genügend Geschick bewies, die nötige Geduld hatte und das Quäntchen (Quintchen) Glück besaß, der gewann und war als erster auf der anderen Seite. Diesmal gewann und verlor niemand der beiden, denn das Spiel wurde von den Autos so oft unterbrochen, dass ihnen die Lust verging.

Sie machten sich auf den Weg zur Schule, die große Angriffsfläche für den Tennisball bot. Vorbei am riesigen, neugebauten Einkaufszentrum, wo zuvor die Drachenwiese für Kinder gewesen war. Dafür hatte man den Kindern einen neuen Spielplatz versprochen, den man nie bauen würde. An der Schule angekommen, versuchten sie den Ball, so hoch es nur ging, gegen die Mauern zu schleudern. Und zuverlässig spuckte die Schule zurück, bis sie ihn auf einmal verschluckte. In der Verzierung des vierten Stockwerks blieb die Sonne hängen. Verdattert schauten Heinrich und Mika nach oben. Die Schule war für sie ein Raum der Entfaltung gewesen. Ob es ihre Leidenschaften für die Mathematik oder die Kunst waren, die sie in Arbeitsgemeinschaften ausleben konnten; oder ihre Aggressionen, die sie gegen Mitschüler und Schuleinrichtungen wendeteten (wandten). Hier jedenfalls fühlten sie sich frei, auch wenn das trotzige Spucken gegen Türen oder das mutwillige Zerstören von Fenstern, so sie erwischt wurden, einen Eintrag ins Hausaufgabenheft nach sich zogen. Grundlegend waren sie beide mutige, hartnäckige und kämpferische Kerle und ließen sich von der verschluckten Sonne nicht entmutigen. Ohne über Risiken und Nebenwirkungen nachzudenken, kletterten sie an der Schule empor. Sie schauten nicht nach unten, denn sie wollten nach oben. Als sie auf Höhe des dritten Stockwerks waren, spürten sie die Angst, die Gefahr eines Absturzes. Der Wind pfiff um die Häuserkanten und wirbelte die lockigen Haare Heinrichs umher. Er zog sich in die vierte Etage und berührte den gelben, kleinen Ball schon, als ihn eine bissige Böe vom Gebäude fegte.

Mika schaute mit großen Augen hinterher und erkannte unmittelbar das Wagnis, das sie eingegangen waren. Etwas ungläubig schüttelte er den Kopf. Er, der mathematisch und physikalisch so hoch begabt war, hatte Ursache und Wirkung so falsch eingeschätzt, dass ihm etwas schummrig wurde. Unten warteten Stufen auf alles was herabfiel. Graue, harte und kantige Stufen. Und mit einigen plockenden Geräuschen sprang die kleine Sonne umher. Heinrich gingen ähnliche Gedanken durch den Kopf und ohne etwas zu sagen, stiegen sie mit äußerster Vorsicht hinab. Unten angekommen klärten sie sich über ihre eigene Dummheit auf. Leichtsinnig und naiv befanden sie und tadelten sich. Vorhersehbar und auf jeden Fall idiotisch. Wegen eines Tennisballs, den sie zu einer kleinen Sonne umdefiniert, umbenannt, umgedeutet hatten. Heinrichs Bild der absoluten Einfachheit begann etwas ins Wanken zu geraten. Die Selbstgefährdung und auch das treudoofe Mitziehen des anderen beschämte sie.

Heinrich beschloss, als sie unten angekommen waren und den Ball wieder gen Schule feuerten, etwas vorsichtiger und besonnener an solche Situationen heranzugehen. Ohnehin würde etwas Vorsicht hilfreich sein, wenn er es auf das Gymnasium schaffen wollte. Angetrieben durch Maria und die Erzählungen seiner Eltern über die goldene Zukunft, war er sehr strebsam geworden. Er brachte reihenweise Einser nach Hause. Er lernte fleißig und war jetzt auch im Unterricht auffallend wissbegierig. Er wusste natürlich nichts von seiner Diagnose, von seinen Akteneinträgen, die ihm schon frühzeitig alle Wege nach oben verbauen sollten. Und erst recht ahnte er nicht, dass die Einträge, die seine Eltern hatten, von Bedeutung sein könnten. Sabine hatte den Weg ins Gymnasium geschafft, weil sie ein vorbildlicher Pionier war und herausragend gut schwimmen konnte. Und eine bronzene Anstecknadel, sowie einige Urkunden schleusten sie hindurch. Heinrich war durchaus schlau und vielfältig talentiert und so gewann er auch einen Malwettbewerb, dem allerdings keine Anstecknadel folgte. Anstecknadeln waren nicht mehr modern, sondern schriftliche Gutachten der Klassenlehrerin waren das A und O, wollte man auf das Gymnasium kommen. Und dieses Gutachten fußte auf Beobachtungen, Diagnosen und Akteneinträgen. Alles recht verworren und undurchsichtig, und für Heinrich nur zu erahnen. Er bemühte sich um gute Noten und darum, Antworten auf die vielen Fragen in den unterschiedlichen Schubladen zu bekommen. Heinrich saß zu Hause kippelnd auf seinem neuen Stuhl und hatte gerade alle Primzahlen bis Einhundert systematisch herausgefiltert, als es klingelte.

Es war der dicke Jim, mit dem er nur selten zu tun hatte, den er aber durchaus sympathisch fand. Ob er runterkommen wolle spielen, fragte er. Heinrich grübelte, denn immerhin würde Jochen heute einen ganz modernen Computer mitbringen. Einen, der tausendmal schneller sei als der C-64. Als Jim in der neu eingebauten Gegensprechanlage was von Knallpistolen erzählte, war die Entscheidung gefallen und so rannte er hinunter und ließ sich eine wirklich coole Pistole überreichen. Und es gab ein scheppernd knallendes Geräusch, als er abdrückte und den dampfenden Colt in seiner Hand betrachtete. Und nachdem Jim ihm erklärt hatte, wie er die Pistole nachladen könne und wann ein Treffer zählte und wann nicht, konnte die wilde Hatz losgehen. Sie jagten einander über den Spielplatz, durch Hauseingänge bis zum Kaufhaus. Die meisten Duelle konnte Jim für sich entscheiden, denn er hatte schon viele Duelle gefochten und daher wesentlich mehr Erfahrung. Und noch viel wichtiger; er hatte die Regeln bestimmt, die Sieg und Niederlage bedeuteten, die letztlich über Glück und Unglück, ja sogar über Leben und Tod entschieden. Heinrich haderte aber nicht, sondern versuchte mit voller Begeisterung Anschluss zu finden. Ab und an gelang es ihm einen überraschenden Treffer zu landen. Und nach jeder Niederlage, die Heinrich einstecken musste, erinnerte er sich an einen Satz aus dem Schachbuch. Ein verlorener Kampf ist noch lange keine verlorene Schlacht. Und so ermutigte er sich immer wieder, auch wenn die Frustration bisweilen anstieg. Aber letztlich war es ja nur ein Spiel. Ein Spiel, welches ähnlich wie Schach nur gemeinsam gelingen konnte.

Nachdem sie sich wie bunte Blätter im Herbstwind umherwehen gelassen hatten und völlig außer Puste geraten waren, machten sie einen Stop beim Kaufhaus. Sie holten sich neue Munition und etwas zu trinken. Jim steckte seine Pistole in die Bauchtasche, die vor seinen prallen Bauch gespannt war. Und mit den Saftflaschen in den Händen liefen sie die Straße entlang. Sie sahen die Bushaltestelle und beschlossen sich dort auszuruhen. Es war reger Verkehr an diesem späten Nachmittag und als sich eine Lücke zwischen den Autos auftat, huschte Heinrich hinüber. Er setzte sich auf die Bank der Haltestelle und ihm fiel auf, dass er seine Vorsicht mal wieder außer Acht gelassen hatte. Er streckte die Beine von sich und beobachtete Jim, der auf der anderen Seite auf eine Lücke wartete. Heinrich lächelte hinüber und machte deutlich, wie wunderbar entspannend es sei, auf der Bank zu sitzen. Demonstrativ nahm er einen großen Schluck vom synthetisch lila gefärbten Saft.

Auf einmal stürzte Jim nach vorne, obwohl die Lücke alles andere als groß war. Heinrich spürte, dass es nicht reichen würde und ließ die Flasche fallen. Ein schwarzes, sehr modernes Auto raste auf Jim zu. Heinrich hatte wenige Sekundenbruchteile

Zeit, um sich zu entscheiden, ob er diesen Aufprall sehen wollen würde. Er hielt sich die Hände vor das Gesicht und hörte, wie das Auto hörbar ungebremst in Jim knallte. Er ahnte, wie Jim durch die Luft flog und öffnete seine Augen, als er den Aufprall Jims auf der Straße hörte. Langsam nahm er die Hände von seinen Augen und sah, wie Jim mit verwundertem Gesicht zu ihm schaute. Der Autofahrer stieg aus. Es war GG. Entzürnt ging er auf Jim zu und brüllte ihn an. Einige andere drängten GG zurück und eine Spaziergängerin kümmerte sich um Jim. Äußerlich war er unverletzt geblieben, aber innerlich war er total schockiert. Heinrich ging zu ihm und fragte, wie es ihm gehe. Jim bemühte sich Stärke zu zeigen und lächelte krampfhaft. Es sei alles in Ordnung, nur die Pistolen seien kaputt. Die Bauchtasche hatte wohl Schlimmeres verhindert, schlussfolgerten die Umstehenden. Nach ein paar Minuten kam der Krankenwagen und auch da zeigte Jim krampfhaft Stärke. Es sei alles halb so schlimm. GG war noch immer zornig und moserte über die Blessuren, die sein Auto erlitten hatte. Der Scheinwerfer war zersplittert, und auch Beulen und Kratzer hatte der Zusammenprall verursacht. Heinrich war verdattert. In erste Linie war er froh darüber, dass Jim nicht verletzt war, zumindest nicht äußerlich. Aber dieser GG erschien ihm seltsam. Irgendwoher kannte er ihn. Besonders seine Stimme rief in ihm ein äußerst bedrückendes Gefühl hervor, so dass ihm sehr flau wurde. Aber er konnte es nicht zuordnen. Er wusste nur, dass er sich von ihm angewidert fühlte. Sich um sein Auto zu sorgen, statt um Jim, empfand er als eklige Ungerechtigkeit. Heinrich erinnerte sich an seine Eltern, die einmal meinten, dass die Zeit der Ungerechtigkeit nun vorbei sei und alles besser werde. Aber in diesem Moment merkte er, dass sie sich geirrt hatten. Und auch Jochen und Anna merkten langsam aber sicher, wie der Hase läuft. Nämlich weg vom Fuchs.

Jochen trug das Kiesbett unter dem Balkonfenster nicht ab, mit dem er unerwünschte Zuhörer hörbar gemacht hatte. Denn es waren keine Kleinigkeiten, die um sie herum geschahen. Reihenweise verloren ihre engsten Freunde ihre Arbeit und viele fanden keine neue. Auch Häuser und Grundstücke waren von einem Tag auf den anderen weg. Ohne Gegenwert, ohne Rücksichtnahme, ohne Begründung. Zunächst hatte Jochen gedacht, das seien Strafen für Übeltäter gewesen. Aber nein, es waren Enteignungen, Raub und Diebstahl. Und so war auch der mühsam aufgebaute Garten, die kleine Insel der Freiheit weg. Und als Anna und Jochen spürten, wie die neue Freiheit sich anfühlte, waren sie mindestens so frustriert wie Heinrich im Pistolenduell.

Aber sie steckten nicht auf. Sie wussten von Oma Liesbeth, die einen Passierschein gehabt hatte, dass lange nicht alles Gold ist, was glänzt und dass es nicht so einfach sein würde. Aber dieses Gefühl der Hoffnung, der Euphorie, dieser Durst nach Veränderung hatte auch sie geblendet. Und in eben diesem Gefühl stand die ganze Familie einige Wochen später vor dem himmelblauen P-601, der jetzt verschrottet werden sollte. Jochen beschlich ein Gefühl der Sehnsucht, der Nostalgie an eine Zeit, die er sich nicht zurückwünschte. Er dachte an die Entbehrungen, die er für den Trabant auf sich genommen hatte. Dachte an die vielen schönen Momente, die sich mit dem Trabi verbunden hatten; und auch an den Fluchtversuch über Ungarn und die hektische Fahrt zum Wunderheiler. Ein Wechselbad der Gefühle, die tiefe Rührung in ihm auslöste. Wehmütig sah er, wie der Kran des Abschleppwagens das Stück goldige Pappe eindrückte, ihn ein letztes Mal gen Himmel hob, um ihn dann in einem Container mit knautschenden, knacksenden und krachenden Geräuschen zu versenken. Eine ungesehene Träne rollte über seine Wange, um am Boden zu zerspringen. Anna hielt Jochens Hand und sie stärkten einander in diesem einschneidenden Augenblick. Auch Anna spürte, dass eine Zeit vorüber war, in der sie sich so aufgerieben und teilweise verweigert hatten. Sie waren ohne Zweifel froh darüber, dass diese Zeit vorüber war, aber erst jetzt fühlten sie, dass auch ein Teil von ihnen verschrottet wurde. Unwiederbringliche Zeit, von der sie nur noch Erinnerungen hatten. Sie atmeten tief durch und versuchten vor den Kindern Fassung zu bewahren. Langsam verschwand das große Abschleppfahrzeug am Horizont. Und erst als es nicht mehr zu sehen und nicht mehr zu erahnen war, gingen sie hinein in die Wohnung.

Dort beschlich sie ein Gefühl der Leere. Die vier Wände, auf die sie zuvor so stolz waren, erschienen ihnen unmenschlich eng. Die bekannten Nachbarn waren auf einmal Fremde. Und das Gefühl der Vertrautheit zerrann wie der Sand zwischen den Fingern. Kein Vogelzwitschern war zu hören und alles tränkte sich in ein tristes, mattes, unerträgliches Grau. Jochen versuchte mit der humorigen Bemerkung: »Willkommen im Palast der Republik« die Stimmung aufzuheitern. Vergebens.

Sabine und Heinrich waren ebenfalls niedergeschlagen und hatten nicht einmal Lust sich zu streiten. Wortlos, mechanisch und ein wenig apathisch irrten sie in der Wohnung umher, bis Anna die Initiative ergriff. Sie schickte Jochen in die Küche, um mit den Kindern Eierkuchen zu machen. Das war ja Jochens Spezialität, oder vielmehr das einzige Gericht, was er zubereiten konnte, ohne Schaden anzurichten. Und eine in Flammen stehende Küche war das Letzte, was sie jetzt brauchten. Die postsozialistischen Verdauungsstörungen waren schon Chaos genug. Das Leben musste weitergehen, dachte Anna im Stillen und ging nach einer Weile in die Küche, wo die Stimmung unter dem eirigen Zuckerduft langsam aufhellte. Heinrich bekam den ersten Eierkuchen, den Jochen hervorragend rotzig gezaubert hatte. Ein Stückchen äußerst appetitlicher Familientradition, die an den berühmt berüchtigten Schmorgurkeneintopf Annas allerdings nicht heranreichte. Heinrich ging ins Wohnzimmer an den Esstisch und ließ den Puderzucker herniederschneien. Er war nicht unbedingt ein Freund von zu viel Süße, ebenso wenig wie von zu viel Kälte oder zu viel Wasser, und so fiel ein wenig Schnee sacht tänzelnd herab.

Einige Monate später erinnerte er sich komischerweise an eben dieses Rieseln, als er aus dem Fenster auf die aus dem Boden austretenden und eingeschneiten Wurzeln schaute.

XIV

Eine weiße Winterlandschaft erstreckte sich über das Land und so ging Heinrich in den Keller, um den Schlitten zu holen. Bedächtig stakste er durch den Schnee und lauschte den pressenden Geräuschen, die seine Füße hervorriefen. Er sah viele andere Kinder, die wie er auf dem Weg zur Pferdekoppel waren. Dort gab es zwar keine Pferde mehr, aber einen riesigen Hügel, der geradezu dazu einlud mit Karacho hinunterzusausen. Vorbei am Kaufhaus ging er über die schneebedeckte Fläche, auf der nie ein Spielplatz entstehen sollte. Und aus der Ferne sah er schon die Scharen von Kindern, die den kleinen Berg hinaufkrackselten.

Der Blick in die Ferne erinnerte ihn an die letzte Klassenfahrt. Heinrich musste zusammen mit Mika aus dem Fenster die anderen Kinder beobachten, wie sie am Lagerfeuer saßen und offensichtlich Spaß hatten. Er hatte sich im Zimmer zum großen Clown aufgeschwungen und eine Parodie sondergleichen über die Elephantin dargeboten. Alle lachten herzhaft, nur Frau Freystein, die im Türrahmen stand, fand es nicht besonders lustig. Und als er fertig war, drehte er sich um und erschrak. Sie stand hochroten Kopfes vor ihm und voller Zorn haute sie ihm eine runter. Eine schallende Ohrfeige, die ihn komplett überraschte. Zusätzlich Hausarrest. Es war nicht nur die Abschlussklassenfahrt, sondern auch der letzte Abend. Eine somit besonders bittere Strafe. Zunächst war Heinrich erbost und fühlte sich ungerecht behandelt, aber am nächsten Morgen wurde er von sich selbst überrascht. Sie waren mit dem Bus einige Minuten unterwegs, als Frau Freystein zu ihm kam und sich entschuldigte. Es sei nicht richtig gewesen, was sie getan hatte. Und Heinrich verzieh ihr sofort und zeigte ein Tiefenverständnis, was er selbst nicht verstand. Die Sache war damit aus der Welt. Mit wenigen Worten der Reue und absoluter Ehrlichkeit war aufgelöst, was Stunden zuvor noch unüberwindbar schien. Durch diese Situation öffnete sich auch für Frau Freystein eine neue Sicht der Dinge.

Sie beschloss für Heinrich zu kämpfen. Gegen alle Widerstände schaffte sie Akteneinträge und hinderliche Diagnosen aus dem Weg. Sie nutzte alle erdenklichen Verbindungen und schrieb ihm die fundamental wichtige Abschlussbeurteilung so, dass man denken konnte, Heinrich sei so hochgradig begabt, dass er der nächste Schiller werden könne. Von alledem ahnte Heinrich nichts. Er war in dem guten Glauben durch Fleiß und Strebsamkeit die Versetzung auf das Gymnasium schaffen zu können. Und Frau Freystein hatte jetzt Voraussetzungen geschaffen, die diesen Glauben bestärken konnten. Heinrich dachte hingegen vielmehr darüber nach, woher diese Großherzigkeit hergekommen war. Es hatte sich eben richtig angefühlt, überlegte er. Aber gut, er hatte jetzt keine Zeit weiter darüber nachzusinnen.

Er wollte rodeln und so kletterte er mit tapsigen Schritten den Berg hoch. Es gab eine recht vereiste Spur in der Mitte des Hügels, die auf eine kleine Schanze zulief. Natürlich wollten alle dort hinunter und so stellte er sich in die Schlange und wartete. Er beobachtete das Vorgehen. Sobald man dran war, musste man von oben zeigen, wie viele Schlitten man überspringen möchte. Unten standen pummelige oder sonst wie minderbemittelte und ausgegrenzte Kinder, die ihre Schlitten quer hinter die Rampe stellten. Da alle Kinder entsprechend lange in der Schlange ausgeharrt hatten, ging alles recht flugs, wenn sie dran waren.

Noch einer und dann war Heinrich an der Reihe. Er sah seinen Vorgänger hinabsausen, der zwei Schlitten angezeigt hatte, die er überspringen wollte. Heinrich sah, dass noch gut und gerne ein oder zwei Schlitten Luft waren, bevor der Vorgänger landete. Aus dem Augenwinkel sah er plötzlich GG am Wegesrand stehen und zuckte innerlich zusammen. Er fragte sich, was der hier verloren hatte und ihm kam in den Sinn, weshalb er diesen brechreizähnlichen Ekel empfand. Abermals zuckte es ihm durch Mark und Bein. In, an und um ihn war es fuchsteufelswild geworden. Das erschreckende Licht ging ihm auf. Widerwärtig, abstoßend und absolut unmenschlich.

Die anderen Kinder begannen rumzuzetern und forderten ihn auf anzuzeigen, wie viele Schlitten er überspringen wolle. Heinrich war völlig durch den Wind und er beschloss kurzerhand sich den Spaß nicht nehmen zu lassen. Er erinnerte sich daran, vorsichtig zu Werke gehen zu wollen und zeigte an, dass er zwei Schlitten überspringen wolle. Er schob (es schoben sich) die abstoßenden Gedanken bei Seite und er schwang sich auf seinen Schlitten. Mit einem Affenzahn raste er hinab. Volles Karacho. Die Kufen glitten über das spiegelnde Eis und Heinrichs schwarze Lockenpracht wirbelte wild hin und her. Auf der Mitte der Strecke sah er, wie die unbeliebten, drangsalierten Kinder noch zwei Schlitten zusätzlich anreihten. Heinrich spürte gerade noch den Ärger über diese Selbstermächtigung, über die Missachtung seiner Ansagen, seines Wollens, als ihn die Rampe nach oben katapultierte.

Er hatte ja gesehen, dass der Vorgänger es locker geschafft hätte. Zumindest schien es ihm von oben aus so zu sein. Er zog den Schlitten mit den Händen vorsichtig nach oben, um noch ein paar Zentimeter rauszuholen. Alle schauten gespannt auf ihn, vor allem Mika, der gerade die Pferdekoppel betreten hatte. Er war erstaunt über den Wagemut Heinrichs, denn vier Schlitten hatte bisher noch niemand übersprungen. Mika zweifelte aus einem intuitiven, mathematischen Bauchgefühl heraus, aber irgendwo war er dennoch überzeugt, denn bisher war bei Heinrichs Hals-über-Kopf-Aktionen noch immer alles gut ausgegangen. Doch diesmal schien das unfreiwillig eingegangene Risiko zu hoch.

Über die ersten beiden Schlitten war er noch problemlos hinweggekommen, als ihn eine leichte Windböe etwas abbremste, so dass die Kufen am letzten Schlitten hängen blieben. Sofort geriet Heinrich in ein heftiges Trudeln und flog wie eine verirrte Schneeflocke durch die Luft. Für die Umstehenden sah es fast wie ein galanter Salto aus. Aber es gab kein Fallnetz und keinen doppelten Boden. Die einzige Hoffnung, die Mika noch hatte, war, dass er auf dem Hosenboden landen möge und mit ein paar Prellungen davonkäme.

*

Und wie über ein unendliches, durchsichtiges Wärmeband verbunden, spürte Anna, die zu Hause in der Badewanne lag, einen stechenden Schmerz an der Kaiser(schnitt)narbe. Sie erinnerte sich an damals, als der Herr Doktor Prause zu ihr gekommen war. Heinrich habe das Copernikum-Syndrom, gab er ihr kühl und mit einem Hauch gekünstelter Anteilnahme zu verstehen. Eine Krankheit, die so selten sei, dass sie bisher noch kein Mensch gehabt habe. Zumindest sei so ein Fall noch nie dokumentiert worden. Anna war schockiert und geriet in höchste Sorge, als der Doktor Prause auszuführen begann, welche Folgen dieses Copernikum-Syndrom für Heinrich haben würde. Nach außen hin könnte er womöglich wie ein normales Kind wirken, erklärte er mit weit hochgezogenen Augenbrauen. Aber sein Gehirn, sein ganzer Körper enthalte kleinste Teilchen, die seiner sozialistischen Menschwerdung entgegenstünden. Jene kleinen Copernikumteilchen würden dazu führen, dass Heinrich jegliche Disziplin ablehne, jede Autorität missachte, jede Erziehung untergrabe. Heinrich sei, so hart das auch für sie klingen mag und er wolle ja ehrlich sein, ein Kind, welches nie zum Menschen werden könne.

Und daher solle sie lieber auf ihre Tochter setzen. Anna war völlig durch den Wind, aber geistesgegenwärtig erkannte sie, dass es nur Unfug sein konnte, sein musste. »Ein Kind ist immer ein Mensch!« schrie sie ihn an und traf damit den wunden Punkt des Doktors. Minutenlang saßen sie schweigend voreinander. Die Augen ohne Wimpernschlag aufeinandergerichtet. Dann beugte er sich langsam vor und begann auf das Leiseste zu flüstern: »Entweder sie gehen jetzt mit ihrem Jungen nach Hause und glauben, was sie glauben wollen oder sie geben ihn in *Sonderbehandlung*. Sie wissen ja, was ich meine.«. Anna wusste nicht, was er meinte, was er nicht sagen wollte oder konnte. Aber aus einer Eingebung heraus, packte sie ihre sieben Sachen zusammen und verließ mit Heinrich das Krankenhaus.

Und damit bewahrte sie Heinrich vor einer Gruppe von Frauen und Männern, die in Kindern keine Menschen sahen. Eine Gruppe, die sich für unantastbar hielt und die eine perverse Lust auf kleine Menschenkinder einte. Regelmäßig trafen sie in einem Hinterzimmer des Krankenhauses zusammen, wo sie die kleinen, zerbrechlichen und völlig schutzlosen Menschen misshandelten. Hart und brutal. Mit einem Skalpell schnitten sie ihnen, nachdem sie sie vergewaltigt hatten, tiefe Wunden in die Füße. So waren die Kleinen gezwungen weitere Tage im Krankenhaus zu bleiben, wo sie ihnen hochdosierte Medikamente verabreichten, die ihre Erinnerungen auslöschen sollten. Und eben jener *Sonderbehandlung* war Heinrich entgangen, denn Anna erahnte, was sich dahinter verborgen hatte. Und fast so wie damals, schmerzte auch jetzt ihre Kaiser(schnitt)narbe. Ziehend, intensiv und ein wenig puckernd. Sofort wurde ihr klar, dass sich Heinrich in großer Gefahr befand. Sie schnellte aus der Wanne, stürmte durch den hitzigen Nebel und zog sich so rasch es ging an.

*

Aber es war zu spät. Die Schneeflocke rauschte mit atemberaubender Geschwindigkeit zu Boden und mit einem knacksenden, dumpfen und unüberhörbaren und unüberspürbaren Knall schlug Heinrichs Hinterkopf auf das Glatteis. Sofort wurde alles still, und lautlos bebende Schwingungen gingen durch die Erde. Mika stand mit weit aufgerissenem Mund da. Ungläubig und schockiert. Er wusste, dass etwas sehr Schlimmes geschehen war. Und als Heinrichs Schlitten auf sein Rückrad herabknallte, riss es Mika vor Entsetzen die Mundwinkel auf. Ohne weiter nachzudenken, rannte er zu ihm, so wie viele in diesem Moment in ihr Badezimmer rannten. Denn in weiten Teilen der Stadt kamen die Toiletten hoch. Es schien, als habe der heftige Aufprall Heinrichs ein Beben losgetreten.

In zahllosen Wohnungen und vor allem in den schicken Villen am See, kam die Kloake spritzend und tosend emporgeschossen. Manch hohes Tier saß gerade auf dem Lokus und verrichtete sein Geschäft, als die ganze Scheiße sie vom Klo drückte. Eingesuhlt in einer kackbraunen Soße und angewidert von sich selbst, suchten sie nach Reinigung. Der beißende Geruch von Pisse und schimmligen Exkrementen stieg in ihre Nasen. Es half kein Nasezuhalten, denn die ätzende und gegärte Scheiße fand ihren Weg. Auch das antrainierte Augenverschließen, das Denken an eine blühende Frühlingslandschaft änderte nichts. Wie ein kleiner Bergbach, der zum Strom anschwoll, bahnte sich die braun-rötliche Soße ihren Weg. Durch Hausflure, die Treppen hinunter riss der wilde Fluss alle Abzeichen, alle Gemälde, alles unrechtmäßige Gut mit sich.

Alle rannten vor ihre Tür und einige genossen es die Übeltäter anzuschauen, wie sie sich wie Schweine im Gras herumwälzten. Sie ahnten, dass es nicht von Dauer sein würde und wussten, dass dieses kleine Stück Gerechtigkeit seine blutigen Opfer haben müsste. Aber den meisten gab es Zuversicht. Die ganze Scheiße kam endlich zu Tage. Ein Geruch von Freiheit legte sich über die Stadt. Natürlich war klar, wer diese Scheißlache wegzuschaffen hatte. Aber der Moment war köstlich. Und es könnte ja auch ein guter Dünger für die Zukunft sein. Aber bei einigen wollte sich kein Gefühl der Genugtuung einstellen, denn sie ahnten, vermuteten, wussten, dass die Scheiße von gestern oftmals (immer auch) die Fruchtbarkeit von morgen bedeuten würde. Und es gab auch genug, die Mitleid empfanden, denn sie verstanden nicht, woher die Scheiße kam.

Ein unvergesslicher Tag für die Stadt, der nie in der Stadtgeschichte zu lesen sein würde. Dafür würden die beschissenen Bescheißenden schon Sorge tragen. Aber eines Tages würden die Menschen sich erinnern und erzählen, so dass die Scheiße immer und immer wieder mit Hochdruck aus allen Öffnungen preschen würde. Auch die Dampfwolke aus Dung würde im Gedächtnis haften bleiben. Sie war von weiter Ferne zu sehen und erinnerte die Menschen daran, dass Menschen sehr wohl die Sonne verfinstern können. Und auch die Kinder, die sich nun zahlreich um Heinrich versammelt hatten, würden den Geruch von Fäkalien mit in die Zukunft nehmen.

Und der fäkalienhafte Schatten der Kindheit würde womöglich früher oder später sonnig durchlüftet werden. Nur Scheiße würde es leider immer geben. Und eines Tages würde jemand mit Blick auf die Kackwurst feststellen, dass man sie wegspülen, aber doch nie umgehen und erst recht niemals vergessen könnte. Aber an das große Geschäft dachten momentan nur sehr ängstliche Kinder, als sie das Blut sahen, wie es dampfend das Eis auftaute. Heinrich war bei Bewusstsein, obwohl er sich gerade nichts mehr wünschte, als es zu verlieren, denn die Schmerzen waren unerträglich. Das trommelhafte Fallen der Schneeflocken alleine löste einen ziehenden Schmerz in seinem Kopf aus, wie er ihn noch nie erlebt hatte. Sein ganzer Körper fühlte sich zerrissen und eigentlich nicht mehr anwesend an. Risikokind schoss es ihm unbewusst durch den Kopf, als er viertel sechs oder viertel nach fünf ins Koma fiel.

XV

Erst Tage später kam Heinrich wieder zu Bewusstsein. Sein Blick fiel auf die Schale mit Süßigkeiten und er wunderte sich, wo er war. Dieses Glitzerpapier kam ihm bekannt vor. Er wusste, dass es gefährlich sein würde etwas davon zu essen, aber sein Magen verkrampfte sich vor Hunger. Und so zögerte er nicht lange und griff Richtung Bonbons, als ein Widerstand seinen Arm zurückriss. Erst jetzt bemerkte er die (schwarzen) Ketten, an die er gefesselt war. Er hörte Hühner gackern und spürte das Stroh, auf dem er saß. Alles erschien ihm so unwirklich.

Plötzlich öffnete sich die Tür und er sah, dass er in einem Hühnerstall war. Panik ergriff ihn und seine ganze Hilflosigkeit knallte in seinen Kopf. Er versuchte etwas zu sagen, um Hilfe zu schreien, aber kein Mucks kam über seine Lippen. Wollte er nichts sagen oder konnte er nichts sagen, fragte er sich. Mehr und mehr verzweifelte er über und vor sich selbst. Zu nichts war er in der Lage. Gefesselt, mundtot und ausgemergelt. Er fühlte sich nackt und mit einem Mal ganz leer. Heinrich wollte aufgeben, aber er wusste nicht was und warum. Alles war so unendlich konfus. Die einzige Klarheit, die er hatte, war, dass er nichts wusste.

Und als er gerade versuchte nachzudenken; irgendwelche Anhaltspunkte suchte, an die er sich hätte klammern können, sah er ihn vor sich. Einen Fuchs. Der Fuchs. Er stand direkt vor ihm und hauchte ihn an. Seine fleischigen Zähne blitzten auf und in dem Augenblick, wo der Fuchs nach ihm fassen wollte, um ihm das Herz rauszureißen, begannen die Hühner wie wild umherzuspringen. Sie krakeelten so laut und so wahnsinnig, dass Heinrich das Blut aus den Ohren tropfte. Er sah völlig regungslos zu, wie der Fuchs nervös wurde und im Kreis zu laufen begann. Die Intensität des Wahnsinns nahm zu und der Fuchs japste nach Luft. Das Heu flog wie Schnee umher und rieselte hinab. Heinrich wurde schummrig und er hörte ein rhythmisches und lauter werdendes Echo. Geh! Geh! Er merkte langsam, wie er sein Verstand zu verlieren drohte. Und als er gerade drauf und dran war seine rechte Hand abzubeißen, um diesem diffusen Druck, diesem Schmerz der Gefühllosigkeit, der Unerträglichkeit der Unwissenheit irgendwie zu entfliehen, wurde es still.

Er sah den Fuchs zusammensacken. Und nachdem sich sein Bauch noch einige Male auf und abwölbte, war er tot. Ein Herzinfarkt hatte ihn letztlich dahingerafft. Die Hühner, die im Angesicht fleischiger, fuchsiger Zähne schon immer zur Aufgabe neigten, waren wegen ihrer frisch geschlüpften Küken aufgestanden und hatten sich zur Wehr gesetzt. Die Sorge um ihre Liebsten hatte sie getrieben. Die Angst um ihre neugeborenen Kinder hatte sie wachsam, mutig und kampfeswillig werden lassen. Sie waren überrascht, dass ihr spontaner Aufstand ohne Blutvergießen geblieben war. Und doch wussten sie, um die vielen Hasen, Hühner und Hähne, die den Füchsen zum Opfer gefallen waren.

XVI

Eine gefühlte halbe Ewigkeit war vergangen, als Heinrich wieder zu spüren, zu fühlen begann. Ganz sacht und zärtlich strich das Gazellenmädchen über seine Wange und küsste ihn samtig-zart auf seine Stirn. Es kitzelte fast ein wenig, so zärtlich und liebevoll waren ihre Berührungen. Sie war sich sicher, dass Heinrich nicht so schlafend sei, wie es den Anschein hatte und so erzählte sie ihm alles über sich, über ihre Gefühle, ihre Erinnerungen, ihr Erleben.

Und Heinrich hörte zu, spürte ihr und allem nach, denn auch er ahnte, dass er nicht so wach war, wie er glaubte. Sie erzählte von kleinen Händen mit winzigen Fingern, von kleinen Füßen mit kleinen Zehen, von kleinen Ohren und schönen Mündern, von klaren Augen und freien Seelen. Und als sie vom zerbrechlichen Rückrad der kleinen Menschenkinder sprach, die von rückradlosen Menschen gebeugt und gebrochen wurden und werden, blitzte in Heinrich ein helles, gleißendes Blau auf, welches noch tiefrot getränkt war. Und während er seine Augen in einer nicht sichtbaren Bewegung, langsam wie das Wachsen einer Pflanze aufschob, erzählte er ihr alles. Seine Gefühle, seine Erinnerungen, sein Erleben.

Und als sich ihre Augen geöffnet hatten, sie sich ihre Augen öffneten und ihre unberührbaren Seelen einander sacht und liebend berührten, erkannten sie einander als Menschenkinder. Und sie dachten sogleich daran, dass es so viele unterdrückte, leidende und tote Menschenkinder gegeben hatte und immer noch gab. Es erschütterte sie zutiefst und so liefen ihnen zahllose Tränen über das Gesicht. Ein Moment tiefer und aufrichtiger Rührung.

Ganz allmählich gelang es ihnen sich zu sammeln. Und erst als sie einander bei den Händen fassten und durch das Fenster auf die aus dem Boden austretenden Wurzeln einer großen, sich im Wind wiegenden Birke schauten, fühlten sie, wie neue Zuversicht und Hoffnung in ihnen aufkeimte.

Inhalt

I	1
II	7
III	17
IV	25
V	32
VI	43
VII	51
VIII	61
IX	77
X	96
XI	109
XII	117
XIII	123
XIV	134
XV	141
XVI	143